생각하라!
그러면 부자가 되리라

생각하라! 그러면
부자가 되리라

나폴레온 힐 지음 | 남문희 옮김

국일미디어

생각하라! 그러면
부자가 되리라

초　　판 1쇄 발행	2001년 01월 10일
개정2판 1쇄 발행	2018년 01월 22일
개정2판 14쇄 발행	2023년 07월 03일

지은이　　나폴레온 힐
옮긴이　　남문희
펴낸이　　이종문(李從聞)
펴낸곳　　국일미디어
등　록　　제406-2005-000025호
주　소　　경기도 파주시 광인사길 121 파주출판문화정보산업단지(문발동)
　　　　　서울시 중구 장충단로 8가길 2(장충동 1가, 2층)

영업부　　**Tel** 031)955-6050 | **Fax** 031)955-6051
편집부　　**Tel** 031)955-6070 | **Fax** 031)955-6071

평생전화번호　　0502-237-9101~3

홈페이지　　www.ekugil.com
블로그　　blog.naver.com/kugilmedia
페이스북　　www.facebook.com/kugilmedia
이메일　　kugil@ekugil.com

※ 값은 표지 뒷면에 표기되어 있습니다.
※ 잘못된 책은 구입하신 서점에서 바꿔드립니다.

ISBN　978-89-7425-642-5 (13320)

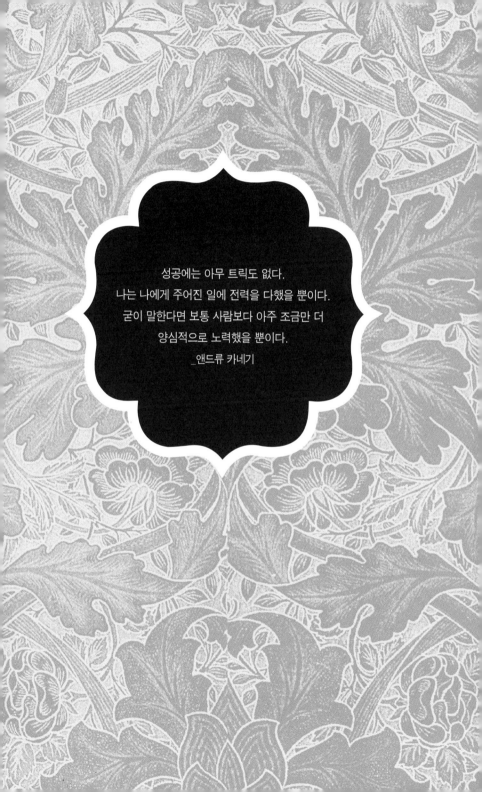

성공에는 아무 트릭도 없다.
나는 나에게 주어진 일에 전력을 다했을 뿐이다.
굳이 말한다면 보통 사람보다 아주 조금만 더
양심적으로 노력했을 뿐이다.

_앤드류 카네기

물질적인 부가 꼭 행복을 보장하지는 않는다

"독특한 성공철학으로 구성된 내 막대한 재산 중에서 가장 중요한 부분만 골라 사람들에게 남겨주고자 한다. 그 철학을 통해 나의 모든 부富가 축적되었으니……."

철강왕 앤드류 카네기의 유언은 이렇게 시작된다. 또한 당신의 인생에 가장 중요한 전환점을 부여할 이 책도 이러한 말로 시작된다.

앤드류 카네기가 나를 불러들인 것은 1908년 늦가을이었다. 그때 그는 나의 판단력과 성실성을 높이 평가했고, 앞의 유언에서 언급한 것처럼 그의 재산 중에서 '가장 중요한 부분' 을 나에게 맡겼다. 그것을 사람들에게 전해주어야 한다는 조건으로.

그러므로 이 책은 당신 앞에 막대한 유산이 남겨져 있다는 사실과 그것을 충분히 상속받으려면 어떻게 해야 하는지를 알려주기 위해 쓰였다. 유산을 상속받기 위해 갖추어야 할 조건이란 극소수의 사람만 통과할 수 있는 어려운 시험이 아니다. 평균 정도의 지능을 가진 성인이면 누구나 실천이 가능하다.

나는 이 책에 속임수를 쓰거나 가망 없는 약속 같은 것은 절대 해놓지 않았다. 이 책이 당신이 원하는 내용을 알려주는지, 그렇지 않은지를 당신 스스로 판단할 수 있도록 다음과 같은 약속 사항을 먼저 밝힌다.

이 책은 '부富의 문을 열어주는 마스터키'의 효과를 최대한 얻을 수 있는 방법을 명확하게 설명해 놓았다. 그것은 곧 당신이 가진 모든 문제를 해결하는 열쇠가 될 것이다. 이와 동시에 과거의 실패를 값을 매길 수 없을 정도의 귀중한 재산으로 바꿔줄 것이다. 또한 경제적 안정을 포함한 열두 가지의 큰 재산을 획득하게 해줄 것이다.

그리고 받을 만한 자격이 있는 사람에게 분배될 앤드류 카네기의 유산을 당신이 충분한 몫을 상속받고 사용할 수 있도록 자세히 가르쳐줄 것이다. 또한 인생의 중대한 목표를 달성하는 데 도움이 될 만한 사람들에게서 다양한 경험과 교훈을 풍부하게 얻을 수 있을 것이다. 그럼으로써 당신이 교육을 충분하게 받지 못했다 하더라도 그 손실을 메우는 것은 물론, 고등교육을 받은 운 좋은 사람들만큼 성공적으로 인생 최고의 목표에 도달하게 될 것이다.

이것이 바로 유명인사 수백 명의 성공 비결을 연구, 발전시킨 성공철학을 통해 누릴 수 있는 특권이다.

다시 말해 샐러리맨은 고용주의 충분한 협조와 동의 속에 높은 보수를 받고 승진할 수 있는 확실한 설계도를 그릴 수 있다. 전문가는 자기 직종에서 최고가 될 수 있다. 사업가는 기존 고객을 영원한 고정 고객으로 만들고, 나아가 그들의 협조로 단골이 될 새로운 고객을 모을 수 있다.

상품이나 생명보험 같은 서비스를 판매하는 세일즈맨은 기존의 구매자가 새 고객을 끌어오는 자발적인 동업자로 만들 수 있다. 고용주는 자신은 물론 직원들에게도 더 많은 이득을 가져다주고, 그들과의 사적인 친분도 돈독히 할 수 있다.

나는 이와 같은 사항을 당신에게 확실히 약속할 수 있으며, 그러기 위해서는 먼저 이 책을 두 번 정독하되, 생각해가며 읽어야 한다는 점을 잊지 말기 바란다. 또한 '부'에 대해 이야기할 때 단순히 은행 잔고나 물질적인 것에만 국한시키지 말고, 처음부터 우리 마음속에 모든 재산이 들어 있다는 사실을 항상 염두에 두도록 하자.

우리는 마음속에 각자 '자유'라는 재산을 갖고 있다. 어떤 분야에서건 개인이 주도권을 갖는 특권을 마음껏 누리는 인간관계의 부를 마음속에 가지고 있는 것이다. 그렇기 때문에 '부'라는 말을 언급할 때는 최소한의 노력으로 획득할 수 있는, '풍족한 삶'을 뜻하는 것이어야 한다.

그러나 좀 더 실질적인 면, 즉 어떤 일을 목표로 삼고, 그 목표를 달성하기 위해 무슨 일을 얼마나 떠맡아야 할지에 대해서는 아무런 제안도 하지 않을 것이라는 점을 알아두기 바란다. 다행스럽게도 우리 생활에는 인간의 모든 합리적인 욕구를 만족시키는 데 부족함이 없도록 질과 양 모든 면에서 충분한, 모든 형식의 부가 제공되어 있다. 따라서 당신은 돈으로 살 수 있는 것뿐만 아니라 돈으로 살 수 없는 것도 목표로 해줄 것을 진심으로 바란다.

나는 이 책에서 인생을 어떻게 살아야 한다는 이야기 따위는 하지 않을 생각이다. 하지만 부자와 빈자 양쪽을 모두 관찰해본 결과, '물질적인 부가 꼭 행복을 보장하지는 않는다' 는 사실만은 꼭 알려주고 싶다.

나는 지금껏 타인에게 유익한 도움이 되는 일을 하지 않으면서 진정으로 행복하다는 사람을 보지 못했다. 또한 많은 사람이 물질적인 면은 풍족하지만 행복을 느끼지 못하고 있는 것도 알게 되었다. 따라서 나의 의도는 이러한 관찰 결과를 설교하는 것이 아니라, 너무나 풍족한 물질적인 부 때문에 그것을 당연시하는 사람들에게 일침을 주고, 앞에 언급한 무형無形의 부를 통해서만 얻을 수 있는 인생의 귀중한 면을 깨닫게 하는 데 있다.

나폴레온 힐

| 차 례 |

04 보상을 생각하지 말고 일하라

05 이웃사랑은 성공의 실마리

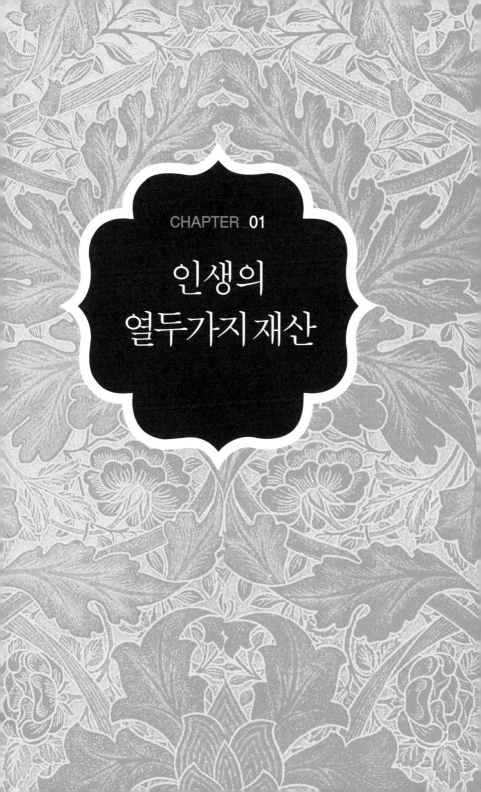

CHAPTER 01

인생의
열두가지 재산

내가 '부' 라는 표현을 할 때는
완전하고도 충만한 행복의 조건이 갖추어진 삶을 가리킨다.
그래서 나는 이 행복의 조건을 '인생의 열두 가지 재산' 이라 부르고,
이 재산을 받을 마음의 준비가 된 모든 사람과 함께 나누어 갖고 싶다.

인생의 열두가지 재산

　　누구나 더 나은 인생을 살고자 추구하는데, 그
것은 모든 인간의 공통적인 욕구라고 할 수 있다. 특히 사람들은 돈
으로 해결할 수 있는 경제적인 안정을 열망한다. 자신의 '부'를 창
조하는 기쁨을 누리고 싶어서, 또는 자신의 재능을 발휘하고 싶은
열망 때문일 수도 있다.

　　그런데 사람들은 아무런 대가도 치르지 않고, 부자가 되는 지름
길을 찾으려고 한다. 그것 역시 모든 인간의 공통적인 욕구라고 할 수
있다. 그러나 그런 생각은 당신 자신을 위해 수정할 것을 권하고 싶
다. 거저 되는 것이 없다는 것을 나는 경험상 잘 알고 있기 때문이다.

　　부자가 되는 한 가지 확실한 길이 있기는 하다. 그것은 오직 '부富
의 문을 열어주는 마스터키'를 가진 사람만이 찾을 수 있는 길이다.

게다가 이 마스터키의 역할은 그것을 소유한 사람들의 문제를 해결하는 데에만 그치지 않는다.

.마스터키는 건강한 신체의 문을 열어주는 만능열쇠다. 사랑과 로맨스의 문을 열어주고, 바람직한 성품을 통해 좋은 친구를 사귀게 함으로써 우정의 문도 열어준다. 모든 역경 · 실패 · 좌절 · 판단과 시행착오 등 과거의 오류를 값으로 따질 수 없는 귀중한 재산으로 바꿀 수 있게 해준다.

또한 이미 꺼진 희망의 불꽃을 다시 타오르게 하고, 무한한 우주의 지혜를 끌어다가 적시적소에 '활용'할 수 있게 해준다. 평범한 사람에서 권력 · 명성 · 재산을 지닌 인물로 탈바꿈할 수 있게 해준다. 학교 교육을 충분히 받지 못한 사람의 손실을 메워주고, 더 나은 교육을 받은 사람들과 거의 같은 수준으로 기회를 갖게 해준다.

너무 일찍 늙어버린 사람에게는 시간을 거꾸로 돌려 청춘의 정신이 되살아나게 해준다. 자신의 마음을 완벽하게 소유하는 방법을 알려주고, 그리하여 감정과 생각의 힘을 완전히 조절할 수 있게 해준다. 마지막으로, 곧 설명할 '인생의 열두 가지 재산'의 문을 하나씩 하나씩 열 수 있게 해준다.

그러나 누구든지 마음의 준비를 하지 않은 상태에서 내 이야기를 듣지 말아주기 바란다. 준비할 것은 여러 가지가 있겠지만, 특히 성실한 목표와 진실한 겸손이 필요하며, 백과사전처럼 모든 걸 다 아는 사람은 없다는 것을 확실히 인정하는 자세가 중요하다.

나는 이 책에서 많은 사실과 원리를 설명할 텐데, 그중에는 당신이 전혀 들어본 적이 없고, 오직 '마스터키'를 받을 준비가 된 사람만 알아들을 수 있는 것도 있을 것이다.

두 얼굴의 나

　　　　　인생의 열두 가지 재산에 대해 설
명하기 전에, 당신이 이미 가지고 있으면서도 의식하지 못하는 몇
가지를 먼저 알려주고자 한다.

사람들은 자신이 단순한 인격의 소유자라고 단정하지만, 모두 복
잡한 인격을 갖고 있음을 우선 일깨워주고 싶다. 사람들은 적어도
두 가지의 상반된 인격을 갖고 있으며, 많은 사람이 그 이상의 인격
을 갖고 있다.

거울을 마주했을 때 보이는 '자신'이 있다. 그것은 육체적인 자아
로, 자신의 또 다른 자아가 살고 있는 집일 뿐이다. 그 집 안에는 서
로 끝없이 충돌하는 사람, 적어도 두 사람이 살고 있다.

하나는 의심과 공포 · 빈곤 · 질병의 환경에서 생각하고 행동하고
생활하는 부정적인 사람이다. 부정적인 자아는 실패를 기대하기 때
문에 좀처럼 실망하는 법이 없다. 우리가 거부하고 싶어도 어쩔 수
없이 받아들여야만 하는 가난 · 탐욕 · 미신 · 공포 · 의심 · 불안 · 육
체적 질병 같은 유감스러운 상황 속에 부정적인 자아는 살고 있다.

우리의 또 다른 자신은 부 · 건강 · 사랑 · 우정 · 개인적 성공 · 창
조적 비전 · 타인에 대한 봉사라는 적극적이고도 긍정적인 힘 위에

서 생각하며, 이러한 은총을 향해 우리를 정확히 인도하는 긍정적인 역할을 한다. 그런 사람이야말로 인생의 열두 가지 재산의 가치를 깨닫고 접근해 가는 사람, 즉 '부의 문을 열어주는 마스터키'를 받을 수 있는 '자신'인 것이다.

우리가 미처 깨닫지 못하고, 인정하지도 사용하지도 않지만 우리 속에는 여러 가지 귀중한 재산이 내재되어 있다. 이런 재산 중에서 '바이브레이션 센터vibration center'라고 부를 수 있는 것이 있다. 주변 사람들과 환경에 반응하는, 절묘한 감도를 갖춘 일종의 라디오 방송국과 수신기라고 할 수 있다.

다시 말해 자신의 생각과 감정을 표현하고, 인생의 성공에 꼭 필요한 많은 메시지를 받아들이는 강력한 장치로, 뛰어난 성능과 지칠 줄 모르는 내구성을 갖춘 송수신 겸용의 사운드 시스템이다.

우리의 라디오 방송국은 깨어 있을 때는 물론 잠들어 있을 때에도 계속해서 자동으로 작동되고 있다. 그리고 부정적인 성격이든 긍정적인 성격이든, 두 가지 주요 성격 중의 하나에 의해 늘 지배를 받는다.

부정적인 성격이 우세하면, 당신의 민감한 수신기는 부정적인 메시지만을 기록한다. 그리하여 "무슨 소용이 있겠어?", "나는 재수가 없어"와 같은 생각으로 매우 자연스럽게 이어지고, 목표 달성을 향해 전력을 다하고자 하는 의욕마저 꺾어버린다. 이렇듯 부정적인 메시지는 일단 수용되면, 당신이 인생에서 가고자 하는 정반대 방향으로 몰아간다.

그러나 긍정적인 성격이 우세하면, 당신의 수신기는 적극적이고도 매우 낙천적인 '액션 센터action center', 즉 "나는 할 수 있다"와 같은 메시지를 기록하게 된다. 그럼으로써 당신은 당신 자신과 모든 사람이 추구하는 인생의 가치, 즉 성공 · 건강 · 사랑 · 희망 · 믿음 · 마음의 평화와 행복을 달성하게 된다.

진정한
부를 향해

앞에서 언급한 '부'와 그밖에 많은 재산을 획득할 수 있는 '마스터키'를 나는 당신과 함께 나누어 갖고 싶다. 그러나 그 열쇠는 당신의 또 다른 자신인 긍정적인 성격이 지배하는 라디오 방송국에 들어 있다. 즉, 마스터키의 축복을 나누어 가질 수 있는 방법은 알려주겠지만, 그것을 자기 소유로 만드는 책임은 당신에게 있다는 것이다.

인생에서 성공을 거둔 이들은 모두 초창기에 다른 사람에게서 유익한 영향을 받았음을 유심히 살펴보면 확인할 수 있을 것이다. 따라서 당신이 자발적으로 나서서 모든 부를 얻을 수 있는 지식을 나누어 갖기 바란다. 내가 당신에게 해줄 수 있는 일은 거기까지 뿐이다.

많은 사람이 부자가 되고 싶어 한다. 그럼에도 그들은 부자가 되는 길이 무척 어렵다고 생각한다. 물론 나도 한때는 부자가 되는 길이 매우 어렵다고 생각했다. 그런데 의외로 쉬웠다. 그래서 이제부터 내가 걸었던 짧고도 확실한 길을 당신에게 안내해주고자 한다.

먼저 부자가 되는 일이 우리의 능력 안에 있다는 사실부터 인정하도록 하자. 어떤 사람들은 '부' 란 돈으로만 이루어져 있다고 믿는다. 하지만 넓은 의미에서 영구적인 '부' 란 물질과는 다른 많은 가치로 완성되며, 이러한 무형의 가치가 배제된 금전 소유는 절대 행복을 가져다주지 못한다.

내가 '부' 라는 표현을 할 때는 완전하고도 충만한 행복의 조건이 갖추어진 삶을 가리킨다. 그래서 나는 이 행복의 조건을 '인생의 열두 가지 재산' 이라 부르고, 이 재산을 받을 마음의 준비가 된 모든 사람과 함께 나누어 갖고 싶다.

인생의
열두 가지 재산

긍정적인 정신자세

모든 '부' 는 본질을 어디에 두든지 마음가짐에서부터 시작된다. 마음가짐이란 사람이 완전히 통제할 수 있는 유일한 대상이라는 점을 유념하도록 하자. 조물주가 사람에게 생각하는 능력과 그것을 어떤 형태로 드러내는 특권을 부여한 것 외에 다른 컨트롤 능력을 허락하지 않았다는 사실은 매우 의미심장하다.

마음가짐은 전자석電磁石과 같아서 한 사람을 지배하고 있는 생각이나 목표, 의도의 결실을 끌어당긴다. 예를 들어 공포와 불안, 의심

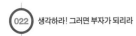

이 마음을 지배하고 있다면 그 결과를 끌어당긴다.

긍정적인 정신자세PMA:Positive Mental Attitude (《놓치고 싶지 않은 나의 꿈 나의 인생 2》에 자세히 소개되어 있는, 저자가 평생에 걸쳐 완성한 성공을 위한 실천 프로그램_옮긴이)는 물질적인 재산이든 무형의 재산이든 모든 '부'의 출발점이 된다. 그것은 진실한 우정과 미래의 성공에 대한 희망을 끌어당긴다.

달빛이 흐르는 밤, 하늘에 떠다니는 무수한 별무리, 아름다운 풍경과 머나먼 수평선 등 자연이 만들어내는 작품 역시 긍정적인 정신자세가 발견하는 재산에 속한다. 인간 영혼의 가장 숭고한 표현인 자선 활동도 그러한 재산에 속한다.

모든 가족 구성원이 돈독하게 화합하는 '가정 화목'이라는 재산도 끌어당긴다. 건강한 육체의 재산은 일과 놀이, 존경과 사랑의 가치를 알며, 먹기 위해 살기보다는 살기 위해 먹는 지혜를 터득한 사람만이 얻을 수 있는 보물이다.

공포로부터 자유롭게 해주고, 적극적인 사람에게든 소극적인 사람에게든 의욕을 갖게 해준다. 노래와 웃음의 재산은 모두 마음의 상태를 나타내는 잣대다. 절제라는 재산, 즉 소유하고 지배하고자 하는 욕구를 어느 선에서 제한함으로써 마음이 바라던 결과를 얻는 기쁨을 누릴 수 있게 된다.

놀이를 통해 생활의 모든 부담을 털어버리고, 다시 어린아이와 같은 마음으로 돌아갈 수 있게 된다. 영원한 실패는 없다는 것을 잘 알고 있는 '또 다른 자신'을 발견하게 된다.

신에 대한 믿음 역시 그러한 재산 중 하나다. 사람의 마음은 그 믿음의 정도를 정확히 반영한다. 명상이라는 재산은 무한한 우주의 지혜를 원하는 대로 끌어올 수 있는 연결고리 역할을 한다.

그렇다. 이러한 재산들이 모두 긍정적인 정신자세에서부터 시작된다. 따라서 긍정적인 정신자세가 '인생의 열두 가지 재산' 목록에서 첫 번째 자리를 차지하는 것은 참으로 당연한 일이다.

건강

건강은 '건강한 의식'에서 시작된다. 건강한 의식은 건전하게 생각하고, 규칙적인 식사 습관을 지키며, 적당히 균형 잡힌 신체활동에 주력하는 생활을 할 때 유지된다.

조화로운 인간관계

타인과의 조화는 자기 자신으로부터 시작된다. 셰익스피어가 말한 대로, 진실한 자아에 순응하는 자는 합당한 이득을 얻을 것이다.

"그대의 자아에 진실하라. 밤이나 낮이나 그에 따르다 보면, 누구에게도 잘못된 행동을 할 수 없을 것이다."

공포로부터의 자유

두려워하는 사람은 노예나 다름없다. 공포는 불행의 전조이므로 그런 생각이 덮칠 때마다 제거할 줄 알아야 완벽한 의미의 부자라고 할 수 있다. 사람의 마음속에 가장 많이 일어나는 기본적인 일곱 가지 공포는 다음과 같다.

- 가난에 대한 공포
- 비난에 대한 공포
- 질병에 대한 공포
- 사랑을 잃을 것에 대한 공포
- 자유 상실에 대한 공포
- 노쇠에 대한 공포
- 죽음에 대한 공포

성공에 대한 희망

모든 행복 중에서 가장 큰 행복은 아직 이루지 못한 목표를 꼭 달성하겠다는 희망에서 생겨난다. 다시 말해 장차 꼭 되고 싶은 인물이 되리라는 희망을 갖거나 또는 과거에 실패했던 목표를 꼭 달성하리라는 신념을 가진다는 것은 인생의 큰 재산이다. 그러나 이러한 자신의 미래를 설계할 줄 모르는 사람은 참으로 불행한 사람이다.

신념의 힘

신념은 사람의 정신과 우주의 무한한 지혜(저자는 세상을 섭리하는 한 가지 원리가 있으며, 그것은 신·영·조물주 또는 우주의 무한한 지혜 Infinite Intelligence임을 《놓치고 싶지 않은 나의 꿈 나의 인생 1》을 비롯한 여러 저서에서 밝힌 바 있다_옮긴이) 사이를 연결하는 고리다.

그리고 인간의 정신이 성장하는 비옥한 정원이며, 그 속에서 인생의 모든 부가 생산된다. 또한 '영원한 불로불사의 영약'으로 창조적인 생각과 행위를 도모한다. 논리나 과학으로 설명할 수 없는 수

많은 신비의 근원으로 소위 기적이라고 한다.

기도는 신의 직접적이고도 즉각적인 조건반사를 불러일으킬 수 있는 영적인 '화학반응'이다. 신념은 평범한 사고의 에너지를 영적인 수준으로 변화시키는 힘이며, 우주의 무한한 지혜에 사람이 다가갈 수 있는 유일한 통로다.

베푸는 마음

나눔이라는 신성한 방법을 실천하지 않는 사람은 행복의 진정한 통로를 발견하지 못할 것이다. 왜냐하면 행복은 나눌 때에만 비로소 찾아오기 때문이다. 따라서 모든 부는 타인에게 봉사하며 나누는 단순한 방법을 통해 더욱 가치를 지니고 증식된다는 점을 영원히 잊지 말아야 한다.

또한 타인의 마음속에 자신의 공간이 얼마나 자리 잡느냐 하는 문제는 자신이 받은 은총을 나누어줌으로써 타인에게 얼마나 봉사를 하느냐에 따라 정확히 결정된다는 점도 덧붙여 기억해야 한다.

베풀지 않는 재산은 그것이 물질적인 것이든 무형의 것이든, 병든 가지의 장미처럼 말라 죽어버릴 것이다. 왜냐하면 게으름과 사용하지 않는 것은 부패와 죽음으로 이어지는 자연의 제1법칙이기 때문이다. 이러한 법칙은 살아 있는 모든 생물은 물론 사람이 소유한 물질에도 똑같이 적용된다.

자선 활동

남을 도울 일을 찾고 열심히 자선 활동에 매달리는 사람보다 부유한 사람은 있을 수 없다. 왜냐하면 자선 활동은 인간이 욕구를 표현함에 있어서 가장 고도의 형식이기 때문이다.

자선 활동은 인간의 모든 욕구의 수요와 공급을 이어주는 연결고리이며, 인간의 모든 진보를 가능하게 한 선구자이며, 인간의 상상력에 행위의 날개를 달아주는 수단이다. 그리고 모든 자선은 행하는 사람에게 자기표현의 기쁨을 가져다주기 때문에 정신적으로도 축복의 의미가 있다.

너그러운 마음씨

한층 더 고등한 문화의 특성에 속하는 관용은 언제나 무슨 일에든 마음을 열어둔 사람에 의해 표현된다. 다시 말해 열린 마음을 가진 사람만이 진정으로 교육받은 사람이라고 할 수 있으며, 인생의 더욱 큰 재산을 이용할 준비가 된 사람이라고 할 수 있다.

자제심

자기 자신의 주인이 되지 못하는 사람은 절대 어떤 것의 주인도 될 수 없다. 자기 자신의 주인이 될 수 있는 사람은 '자기 운명의 주인이며, 자기 영혼의 지휘관'이다. 특히 거대한 재산을 모으거나 흔히 '성공'이라 불리는 목표에 도달한 사람이 진심으로 겸손한 자세를 지닐 때 자제심은 극도로 발휘된다.

이해심

타인을 이해하는 면에서 부유한 사람이란, 사람은 모두 같은 줄

기에서 진화했으므로 기본적으로 동등하다고 인정하는 사람이다.

따라서 인간의 모든 행위는 다음과 같은 '인간의 자발적인 행동을 유도하는 아홉 가지 기본 동기' 중 한두 가지에 의해 고무된다.

- 사랑의 감정
- 섹스의 감정
- 물질적인 이득에 대한 욕구
- 자존심 유지에 대한 욕구
- 심신의 자유에 대한 욕구
- 자기표현에 대한 욕구
- 사후의 생명 지속에 대한 욕구
- 분노의 감정
- 공포의 감정

타인을 이해하려는 사람은 먼저 자기 자신을 이해해야 한다. 타인을 이해하는 능력은 사람들 사이에서 일어나는 다양한 갈등의 원인을 제거한다. 또한 우정의 토대가 되며, 사람들 사이의 조화와 협력을 이루는 기초가 된다. 이처럼 이해심은 긴밀한 협력을 유도해야 하는 리더십에서도 가장 중요한 근본 원리다.

경제적인 보장

경제적인 보장은 인생의 열두 가지 재산 중에서 유일하게 유형有形인 항목으로, 물론 가장 덜 중요해서 마지막에 둔 것은 아니다.

경제적인 보장이란 돈을 쥐고 있다고 다 되는 게 아니다. 그것은 봉사정신에 의해 완성된다. 돈을 쓰던 쓰지 않던 인간의 모든 필요에 부응하는 유용한 서비스를 행함으로써 달성되는 것이다.

백만장자 사업가는 막대한 금전적 재산을 쥐고 있어서가 아니다. 사람들에게 적절한 고용 기회를 제공하고, 그들의 노력을 통해 많은 사람에게 가치 있는 상품이나 서비스를 제공하기 때문에 경제적인 보장을 얻을 수 있는 것이다. 따라서 그들이 행한 서비스를 통해 그의 손에 금전이 쥐어진 것이며, 이러한 방식으로 영구적인 경제적 보장이 획득되어야 한다.

이제 곧 돈과 그 밖의 여러 재산을 획득할 수 있는 원리를 당신에게 알려주겠지만, 그 전에 이러한 원리를 적용할 마음의 준비를 해야 한다. 땅의 토질이 씨앗을 심을 만한 준비가 되어야 하는 것과 마찬가지로 당신의 마음도 재산 획득을 위한 조건이 갖춰져 있어야 하는 것이다.

"준비하는 자에게 기회는 온다!"

이 말은 원하기만 하면 아무런 이유 없이 거저 얻게 된다는 의미가 아니다. 사람이 '원하는' 것과 받을 준비가 되어 있다는 것에는 엄청난 차이가 있다. 이러한 구별을 하지 않는 것은 내가 전해주고자 하는 중요한 이득을 내다버리는 것과 다름없다. 그러므로 인내심을 갖고, 당신이 열망해 마지않는 부를 받아들일 준비를 위해 나의 안내를 받기 바란다.

나의 방법이 처음에는 낯설지 모르지만, 그렇다고 실망할 필요는 없다. 세상에 처음 등장하는 모든 새로운 아이디어는 낯선 법이다. 내 방식이 유익하다는 말에 의심이 간다면, 그 방식대로 행해서 내가 엄청난 부자가 되었다는 사실을 염두에 두고 용기를 얻기 바란다. 인간의 진보는 사람들이 새로운 아이디어에 대해 거부감을 가지기 때문에 늘 늦어졌다.

새뮤얼 모스가 전신 시스템을 처음 발표했을 때 세상 사람들은 그를 조롱했다. 그가 발명한 시스템은 전통과는 거리가 먼 새로운 것이었으며, 그렇기 때문에 의심과 거부감을 산 것이다. 세상은 굴리엘모 마르코니가 모스 부호를 개선하여 완성했다고 발표했을 때, 즉 무선통신 시스템을 발표했을 때도 비웃음을 보냈다.

토머스 에디슨 역시 백열전구를 발명했다고 발표하자 조롱을 당했으며, 최초의 자동차 제조업자도 말이나 마차 대신에 자체 추진력으로 움직이는 교통수단을 세상에 내놓았을 때 똑같은 경험을 해야 했다. 윌버와 오빌 라이트 형제가 실험 비행에 성공했다고 발표했을 때 세상의 반응은 미미했으며, 신문기자조차 그 실험에 참관할 것을 거부했다.

인간의 독창성이 이룬 기적 중 하나인 라디오가 발명되었을 때도 전 세계의 반응은 한결같았다. '준비되지 않은' 마음자세는 그것을 아이들이 갖고 노는 장난감으로밖에 여기지 않았다.

나는 새로운 방식으로 부를 찾고자 하는 당신에게 방법의 새로움 때문에 의기소침해 할 필요가 없음을 알려주기 위해 이 같은 사실을 언급했다. 따라서 나를 따라 나의 철학을 사용하면, 내가 그랬던 것처럼 당신도 똑같은 효과를 얻을 수 있다는 것을 확신하기 바란다.

또한 나는 '부'의 안내자로 봉사함으로써 당신이 얻을 이득과 똑같은 비율로 내 노력에 대한 보상을 받을 것이다. 나의 성공철학을 당신이 사용하는 즉시 나에게 보상이 오지는 않겠지만, 어떤 식으로는 이루어지게 되어 있다. 왜냐하면 적당한 보상 없이 행해지는 유용한 봉사는 없다는 게 우주의 위대한 법칙이기 때문이다. 랄프 왈도 에머슨이 말한 그대로다.

"실행하라, 그러면 힘을 얻게 되리라."

그러나 내가 당신에게 봉사하는 노력의 대가로 받을 보수는 받고 싶지 않다. 그동안 내가 받은 복의 대가로도 충분하기 때문이다. 아니, 오히려 앞으로 세상에 갚아야 할 빚이 만만치 않게 남아 있다고 표현해야 옳을 것이다. 그동안 많은 사람의 도움이 없었다면 나는 이만한 재산을 이루지 못했기 때문이다.

나는 영구히 간직할 수 있는 재산을 모은 사람들이 두 팔을 있는 힘껏 뻗어 '부'의 사다리를 오르는 것을 보아왔다. 한 손은 정상에 도달한 사람들이 내미는 도움의 손길을 잡기 위해 위로 뻗어 올리고, 다른 한 손은 아직도 밑에서 기어오르고 있는 사람들에게 도움을 주기 위해 내밀었다.

그리고 지금, 부자가 되고 싶어 하는 당신 역시 두 팔을 있는 힘껏 뻗어 하나는 도움을 주고, 다른 하나는 도움을 받을 것을 권하고 싶다. 바라는 목표를 향해 노력하는 사람에게 도움을 주지 않고서 영구적인 성공에 도달하거나 영구적인 부를 획득한 사람은 없기 때문이다. 얻으려면 먼저 주어야 한다. 나 역시 주어야 하기 때문에 이러한 메시지를 전하고 있는 것이다.

인생의 진정한 '부'가 무엇인지를 알았으므로, 이제 부를 부르는 '마음가짐'에 대해 본격적으로 알려줄 차례다.

나는 앞에서 나의 재산이 타인의 도움을 통해 이루어졌다고 언급한 바 있다. 그래서 나에게 도움을 준 사람들을 이 책을 통해 당신에게 소개하고자 한다. 그들 중에는 당신이 아직 들어보지 못한 낯선 이름도 있을 것이다. 특히 그들 중에는 '부'를 받아들일 마음의 준비를 하는 데 있어서 나에게 매우 큰 영향을 준 여덟 명의 친구도 포함되어 있다. 나는 그들을 '8인의 왕자님'이라고 부른다. 그들은 내가 깨어 있거나 잠들어 있거나 관계없이 나를 위한 봉사를 쉬지 않는다.

비록 그 왕자들과 직접 얼굴을 맞대고 만난 적은 없지만, 그들은 내가 재산을 잃지 않도록 언제나 지켜주었다. 즉, 나의 창의력이 발전하도록 영감을 주었고 상상력을 북돋아주었으며, 명확한 목표를 세우게 하고 꼭 성취하리라는 믿음을 심어주었다. 그들은 내 마음의 진정한 '스승'이며, 긍정적인 정신자세를 확립시킨 '건설자'였다.

이제 그 왕자들이 당신에게 똑같은 봉사를 할 수 있도록 내가 추천해도 좋을 성싶다.

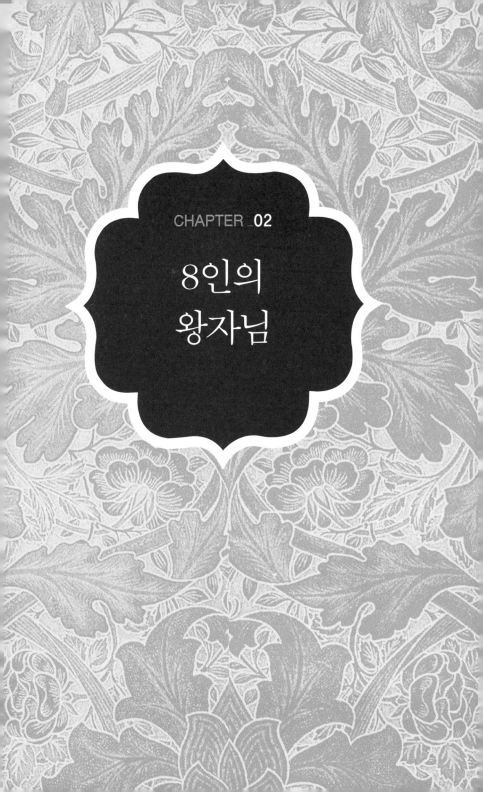

CHAPTER _02

8인의
왕자님

매일 밤 하루 일과의 마지막 순서로
나는 8인의 왕자와 만남의 시간을 갖는다.
그것은 생각의 힘을 통한 만남이며, 명상과 반성,
그리고 신에 대한 감사의 시간이라고도 할 수 있다.

8인의
왕자님

당신이 원한다면 왕자들의 이름을 다른 식으로 불러도 상관없다. 예를 들어 선생님, 하나님, 수호천사 등 어떤 것이어도 좋다. 이름이 무엇이든 간에 8인의 왕자는 내게 꼭 필요한 봉사를 계속하고 있다.

매일 밤 하루 일과의 마지막 순서로 나는 8인의 왕자와 만남의 시간을 갖는다. 그들이 하루 동안 나에게 베풀어준 봉사에 대해 감사를 표하고, 그럼으로써 감사의 마음을 더욱 깊이 새기는 것이다. 왕자들과의 만남은 정말 그들이 살아 움직이는 것처럼 진행된다. 그것은 생각의 힘을 통한 만남이며, 명상과 반성, 그리고 신에 대한 감사의 시간이라고도 할 수 있다.

이제 부를 부르는 '마음가짐'을 갖기 위해 당신의 능력에 대해 첫 테스트를 치를 차례가 되었다. 충격이 오면 모스와 마르코니, 에디슨, 라이트 형제가 새롭고 더 나은 서비스 방식을 완성했다고 발표했을 때 무슨 일을 겪었는지 기억하자. 충격을 이기는 데 도움이 될 것이다.

그러면 8인의 왕자님과 만남을 시작하자.

감사합니다.

오늘은 참 좋은 하루였습니다.

나에게 심신의 건강을 주셨습니다.

음식과 옷을 주셨습니다.

오늘도 역시 타인에게 봉사할 수 있는 기회를 주셨습니다.

평화로운 마음과 모든 두려움에서 벗어난 자유를 주셨습니다.

이러한 은총을 주셔서 고맙습니다, 나를 보호해주시는 왕자님. 내 지난날의 얽힌 문제들을 해결해주시고, 그럼으로써 내 마음과 영혼과 육체가 모든 공포, 분쟁의 원인과 결과로부터 자유롭게 해주신 것에 대해 당신들 모두에게 감사드립니다.

물질적인 번영의 왕자님, 내 마음을 항상 부유한 데로 향하게 하시고, 궁핍과 빈곤의 두려움에서 해방시켜주셔서 감사합니다.

건강의 왕자님, 내 마음을 항상 건강하게 하시고, 그럼으로써 내 모든 신체 세포와 육체 조직이 우주 에너지를 충만하게 받을 수 있게 해주시며, 적재적소에 그런 에너지를 배치하고 사용하도록 우주의 무한한 지혜와 직접 접촉하게 해주셔서 고맙습니다.

평화의 왕자님, 내 마음을 모든 억압과 스스로 만들어놓은 올가미에서 벗어날 수 있게 해주시고, 그럼으로써 내 심신에 완전한 휴식을 공급해주셔서 고맙습니다.

희망의 왕자님, 오늘의 소망을 이루게 해주시고, 내일의 목표를 이루어주겠다는 약속을 해주셔서 고맙습니다.

믿음의 왕자님, 오늘도 저를 인도해주셔서 고맙습니다. 나 자신에게 유익한 일을 하고, 해로울 일은 미연에 하지 않도록 이끌어주셨지요. 당신은 내 생각에 힘을 주셨고, 내 행동에 추진력을 주셨으며, 자연의 법칙을 이해할 수 있는 지혜와 그 법칙에 조화롭게 적응할 줄 아는 판단력을 주셨습니다.

사랑의 왕자님, 내가 가진 것을 오늘 만난 모든 사람과 나누도록 인도하시고, 타인과 나누는 것이야 말로 내가 영구히 간직할 수 있는 재산이라는 점을 깨닫게 해주셔서 고맙습니다. 또한 나에게 사랑의 마음을 주셔서 고맙습니다. 왜냐하면 사랑만이 인생을 달콤하게 만들며, 타인과의 모든 관계를 즐겁게 만들기 때문입니다.

낭만의 왕자님, 흐르는 세월에도 나에게서 청춘의 정신이 사라지지 않게 해주셔서 고맙습니다.

지혜의 왕자님, 지난날의 실패·좌절·잘못된 판단과 시행착오·모든 두려움·실수·실망과 갖가지 자연 재난을 내 인생에서 참으로 귀중한 가치를 지니는 영구적인 재산으로 만들어주신 데 대해 무한한 감사를 드립니다.

그런 경험을 통해서 나는 인생의 재산을 획득하도록 사람들을 이끌어주는 능력을 얻었습니다. 그것이 바로 나의 재산이지요. 그리하여 받을 준비가 되어 있는 사람들에게 나의 모든 복을 나누어주는 특권을 누리고, 내가 받은 혜택을 나누어줌으로써 나의 재산을 더욱 풍부하게 할 수 있었지요.

경험이 인생에서 얼마나 중요한지를 깨닫게 해주신 점에 대해서도 감사를 드립니다. 내가 겪은 많은 경험이 사람들에게 유익한 봉사할 수 있는 능력이 되었다는 사실을 잘 알고 있습니다. 생각의 힘이야말로 내가 완벽하게 통제할 수 있는 유일한 능력이며, 그 능력을 통해 나는 원하는 대로 마음껏 행복을 맛볼 수 있으며, 스스로 마음속에 묶어두지 않는 한 생각의 힘에는 어떤 제한도 없다는 사실을 알게 되었습니다.

이처럼 나의 가장 큰 재산은 8인의 왕자가 존재한다는 것을 깨달은 행운에 있다. 그들이 바로 인생의 열두 가지 재산을 획득할 수 있도록 나의 마음가짐을 이끌어주었기 때문이다. 그 재산을 내가 계속 유지할 수 있었던 것은 매일 왕자들과 대화하는 습관 때문이었으며, 무슨 일이 있어도 습관을 중단하지 않았다.

왕자들은 내가 바라는 것에 마음을 고정시키고, 바라지 않는 것에서 멀어지게 만드는 매개체 역할을 한다. 이를테면 그들은 효험 높은 부적이나 권능의 묵주로서 내가 원할 때마다 생각의 힘을 동원하여 다양한 축복을 실현할 수 있게 도와준다.

그들은 모든 부정적인 정신자세에 대항할 만한 면역력을 내게 공급해주었고, 그리하여 부정적인 생각의 씨앗과 그것이 내 마음속에 뿌리를 내리고 싹트는 것을 막아주었다. 그들은 내 마음을 중요한 인생의 목표에 고정시키고, 그 목표를 달성하고자 하는 소망을 충만하게 심어주었다.

나 자신과 세상을 긍정적으로 바라보게 해주었고, 나 자신의 양심을 지킬 수 있도록 이끌어주었다. 그들은 과거의 실패와 좌절에 대한 모든 불쾌한 기억을 떨쳐버리도록 도와주었다. 아니, 오히려 모든 과거의 불행을 너무나 귀중한 재산으로 바꾸도록 도와주었다.

더 나아가 왕자들은 '불가능이란 없다'는 믿음을 갖게 했으며, 그 믿음을 기반으로 생각하고 움직이고 계획하고 소망하고 행동하는 '또 다른 자신'이 존재한다는 것을 일깨워주었다.

또한 모든 재난은 그것에 상응하는 이득의 씨앗을 가져다준다는 사실을 증명해주었다. 그리하여 모든 사람에게 일어나는 것처럼 재난이 나를 덮쳐올 때, 두려워할 게 아니라 즉시 '그에 상응하는 이득의 씨앗'을 찾고, 그 씨앗을 완전히 만개한 기회의 꽃으로 싹틔우도록 도와주었다.

왕자들은 나에게 가장 무서운 적인 나 자신을 정복하게 해주었다. 그들은 나의 몸과 영혼을 위해 무엇이 좋은지를 가르쳐주었고, 그 좋은 것을 정확히 찾아낼 수 있게 해주었다.

그들은 나에게 행복은 물질의 소유에 있는 것이 아니라, 물질을 자기표현의 수단으로 사용할 수 있는 특권에 있다는 사실을 일깨워주었다. 그리고 타인의 서비스를 받는 것보다 유익한 서비스를 행하는 것이 더욱 복된 일이라는 점도 가르쳐주었다.

여기서 잠깐! 매일 밤 왕자들과의 만남이 내가 무엇을 달라고 요구하는 시간이 아닌, 그들이 이미 나에게 베풀어준 재산에 대해 감사를 표하는 하루 일과라는 점을 주목하기 바란다. 이미 왕자들이 먼저 내가 무엇을 필요로 하는지를 알고 공급해주었기 때문이다. 그렇다. 그들은 내가 필요로 하는 모든 것을 남아돌 만큼 공급해주었다.

왕자들은 내가 줄 수 있는 것만을 생각하고, 그 대가로 얻고 싶은 것에 대해서는 잊어버리라고 가르쳤다. 닥친 문제를 해결하고, 필요한 물질을 획득하기 위해 원하는 대로 동원할 수 있는 나의 힘, 즉 내 마음속에서 발휘되는 힘을 남들에게도 베풀어주며 더불어 사는 인생에 대해 깨우쳐주었다.

또한 그들은 조용히 마음속에 귀를 기울이는 법을 가르쳐주었다. 마음속에서 들려오는 나지막하고 조용한 목소리가 내 이성의 힘보다 훨씬 뛰어나다는 것을 확신함으로써, 나로 하여금 이성을 젖혀두고 마음이 이끄는 대로 따라가야 한다는 믿음을 주었다. 이처럼 내 인생의 신조는 왕자들의 도움이 뒷받침되어 만들어진 것이다.

행복한 사람의 인생 신조

나는 행복을 찾으려는 사람에게 도움을 줌으로써 나 자신의 행복을 찾는다.

나는 모든 면에서 열정적으로 생활하고, 신체 유지를 위해 필요로 하는 정도의 음식만 먹기 때문에 육체적인 건강을 유지한다.

나는 모든 종류의 공포에서 자유로운 몸이다.

나는 어느 누구도 증오하지 않고 질투하지 않으며 모든 인류를 사랑한다.

나는 남을 돕는 선행을 즐거운 일로 생각하며 실천한다. 그래서 절대 피곤하지 않다.

나는 매일 더 많은 부를 위해서가 아니라, 현재 풍족하게 쓸 만큼 가지고 있는 재산에 만족하며, 적당하게 사용할 줄 아는 지혜를 가진 것에 대해 감사한다.

나는 항상 존경하는 마음을 담아서 타인의 이름을 부른다.

나는 받을 준비가 된 모든 사람과 나의 재산을 나누는 특권을 제외하고는 어느 누구에게도 청탁을 하지 않는다.

나는 내 양심을 언제나 소중히 대하고 있다. 그러므로 어떤 일이든지 양심이 올바른 길로 나를 인도한다.

나는 어떤 이유로도 누구에게 상처를 입히지 않으며, 만나는 모든 사람에게 부를 영구히 유지하는 방법을 가르쳐주기 때문에 적을 만들지 않는다.

나는 탐욕으로부터 자유롭기 때문에 필요한 것보다 더 많은 물질적인 부를 소유하지 않으며, 살아 있는 동안 사용할 수 있는 정도만 원한다.

나는 납세할 필요가 없는 거대한 재산을 소유하고 있다. 왜냐하면 그것은 내 생활방식을 받아들이는 사람을 제외하고는 함부로 평가하거나 사용할 수 없는, 내 마음속의 무형의 재산이기 때문이다.

이처럼 나는 자연의 법칙을 준수하고 순응하는 습관을 통해 지금의 엄청난 재산을 창조해낼 수 있었다.

카네기의
소망

이제 앞에서 언급한 인생의 열두 가지 재산을 획득하기 위해 당신이 배워야 하는 철학에 대해 설명할 차례다.

앞에서 나는 '부'를 부르는 마음가짐에 대해 설명했다. 그러나 그것은 이야기의 시작일 뿐이고, 이제부터 부를 손에 넣는 방법과 완벽하게 사용하는 방법에 대해 알려주도록 하겠다.

이야기는 반세기보다 더 이전으로 돌아가, 미국의 대표적인 자선활동가 앤드류 카네기의 인생에서 시작된다.

카네기는 인생의 열두 가지 재산을 획득했는데, 그것은 너무나 막대한 양이었고, 생전에 나누어주는 것이 불가능했던 금전적인 재산 중 대부분은 인류를 위해 활동하는 사람들에게 넘겨주었다.

카네기 역시 8인의 왕자에게 축복을 받은 사람이었다. 특히 지혜의 왕자에게서 큰 영향을 받은 그는 자신의 모든 물질적 재산을 나누어주는 것은 물론, 부자가 되고 싶은 사람들에게 완벽한 인생철학을 가르쳐주고 싶은 소망을 품게 되었다. 그 철학은 모든 점에서 미국의 헌법과 자유기업제에 일치되는 열일곱 가지 원칙으로 구성되어 있다.

카네기는 모든 이에게 성공철학을 심어주려는 자신의 의도를 다음과 같이 설명했다.

"나는 다른 사람의 노력에 힘입어 부자가 되었다. 거저 얻으려는 생각을 지양하는 방법을 가능한 빨리 찾아서 사람들에게 나의 돈을 돌려줄 것이다. 그러나 내 재산에서 가장 중요한 부분은 유형과 무형의 재산을 모을 수 있게 해주었던 '지식'이다. 이러한 지식이 하나의 철학으로 완성되어 성공을 꿈꾸는 모든 사람에게 도움을 주었으면 하는 것이 나의 소망이다."

이것은 내가 나누어주고자 하는 재산을 받고 싶다면, 당신이 마땅히 수용하고 적용해야 하는 철학이다. 이 철학의 원리를 설명하기 전에, 전 세계의 수많은 사람에게 그것이 보급된 결과를 간단히 소개하고 넘어가겠다.

이 철학은 인도의 네 가지 주요 언어로 번역되어 200만 명 이상의 인도인에게 적용되었다. 포르투갈어로 번역되어 브라질에서도 출판되었고, 그곳에서는 1,500만 명 이상의 사람에게 도움을 주었다. 또한 영국 전역에 배급하기 위해 특별판으로 제작, 발행되었는데, 200만 명 이상의 사람이 도움을 받았다. 뿐만 아니라 미국의 각 중소도시와 동네마다 한 사람 이상이 실제 이득을 얻었는데, 그 수는 무려 2,000만 명에 달한다.

따라서 이 철학은 종교를 선전하거나 상품 판매를 위한 것이 아니라, 사람이 노력을 쏟아 영구적이고도 건설적인 성공으로 인도하는 내용이기 때문에 전 세계 사람이 사이좋게 협력하며 살아가는 데에도 일조할 수 있을 것이다.

물론 이 철학은 모든 종교를 지지하지만, 어느 종교에도 속하지 않는다. 본질상 보편적이기 때문에 어떤 직업을 가진 사람이든 정확히 성공으로 이끌어줄 수 있다. 따라서 당신이 서 있는 바로 그곳에서 출발하여 당신만의 이득을 얻을 수 있을 것이다.

이제 모든 부의 문을 열어주는 마스터키의 비밀에 대해 알아보기로 하자.

부의 문을 열어주는 마스터키를 갖는 '성공철학의 열일곱 가지 원칙'은 무형이든 물질적인 것이든 곧장 모든 부의 원칙으로 데려다줄, 믿을 수 있는 안내지도 역할을 할 것이다. 지도를 따라가면 당신은 길을 잃어버리지 않고, 거대한 부를 소유하는 데 필수적인 모든 의무를 수행하고, 순응할 준비를 하게 될 것이다. 그런데 영구적인 재산은 타인과 공유되어야 한다는 점, 즉 획득한 모든 것에 대해서는 마땅히 지불해야 하는 값이 있다는 사실을 기억하라.

마스터키는 이러한 열일곱 가지 원칙 중에 어느 하나를 통해 드러나는 것이 아니다. 그 비밀은 모든 원칙들이 서로 융합하고 조화를 이루는 데 있다.

이러한 원칙들은 모든 부의 원천이 잠재되어 있는 마음의 방에 도달하기 위해 꼭 통과해야 하는 열일곱 개의 문을 상징한다. 마스터키가 그 방의 문을 열어줄 것이며, 그것은 당신 스스로 받을 준비가 되었을 때 당신 손에 쥐어지게 될 것이다. 그 준비란, 이제 내가 자세하게 설명할 성공철학의 열일곱 가지 원칙 중에서 최초의 다섯 가지를 융합하고 응용함으로써 완성된다.

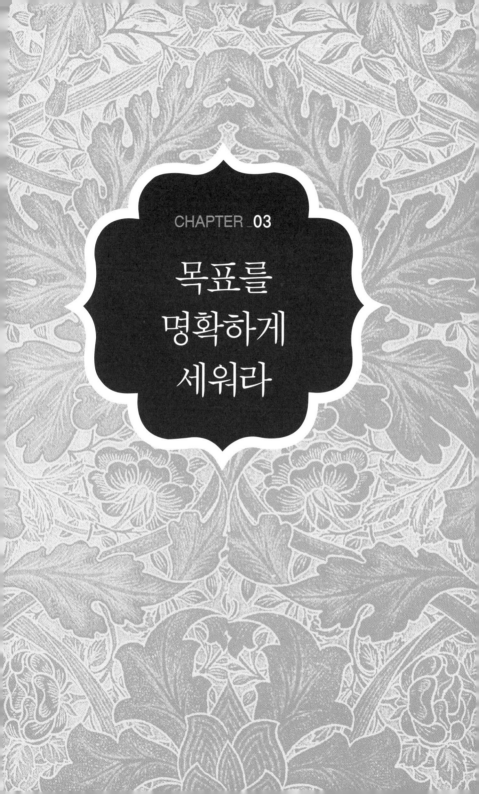

CHAPTER _03

목표를
명확하게
세워라

'성공은 명확한 목표를 정하는 것부터 시작된다.'
이런 사실을 귀가 따갑도록 강조하는 것은 100명 중 98명이
명확한 목표를 정하지 않고 인생을 살아가는 게으른 생활이 일반화되어 있기 때문이다.
따라서 지금 당장 당신이 해야 할 중요한 일은 인생에서 무엇을 열망하는지,
어디로 가야 하고, 그것을 얻기 위하여 무엇을 해야 하는지를 알아내는 것이다.
이것은 당신 외에 어느 누구도 말을 수 없는 일이다.

목표를 명확하게 세워라

역사상 뛰어난 업적을 남긴 지도자들은 모두 자신의 주요 목표가 무엇인지를 명확하게 결정한 뒤, 자신의 능력을 집중시킴으로써 놀라운 리더십을 얻을 수 있었다.

그러나 실패자로 분류된 사람들은 그런 목표도 없이, 마치 키 없는 선박처럼 빙빙 방황하다가 원래 출발지로 돌아왔다. 이러한 실패자들 중 몇몇은 명확한 주요 목표를 갖고 출발은 하지만, 일시적인 패배나 격렬한 저항에 부딪힐 때마다 목표를 포기해버렸다.

그들은 수학 공식처럼 명명백백한 성공철학이 존재한다는 것을 알지 못했으며, 일시적인 패배를 당했을 때 그것이 행복의 전조로서 어려운 통과의례일 뿐이라는 것을 전혀 예상치 못하고 포기와 중단을 반복했다. 100명 중 98명이 평생 동안 단 한 번도 명확한 목표의 중요성을 깨닫지 못하고 죽는다는 것은 문명사회가 지닌 커다란 비극 중 하나다.

철강왕 카네기는 관리직으로 승진을 바라는 직원들에게 독특한 테스트를 실시했다. 그는 먼저 얼마나 많은 일을 무보수로 감당할 수 있는지를 알아보았다. 그 다음, 그들의 마음이 명확한 목표를 향해 단단히 고정되어 있고, 그 목표를 달성하기 위해 필요한 준비가 제대로 갖추어져 있는지 알아보았다.

찰스 슈왑은 이렇게 말했다.

"내가 카네기 씨에게 승진을 요구하자, 그는 씩 웃더니 '자네 마음이 원하는 목표에 집중하고 있다면, 그것을 얻지 못하도록 내가 막을 방법이 있겠나'라고 말했습니다."

슈왑은 그때 카네기가 무엇을 원하는지 깨달았다. 그것은 카네기의 회사에서 가장 높은 지위에 오르는 것이었다. 그리고 카네기는 슈왑이 그렇게 되도록 도와주었다.

이처럼 명확한 목표를 갖고 살아가는 사람들에게 발견되는 공통점 중 하나는 사람들에게 기꺼이 베푸는 마음, 특히 상대방이 추구하는 목표를 달성하는 데 선뜻 기회를 줄 수 있다는 점이다.

성공철학이 탄생한 배경

앤드류 카네기가 명확한 목표를

설정한 뒤, 성공철학이 완성되기까지 그 이면에는 드라마틱한 이야기가 숨어 있다.

그는 거대한 철강 산업을 일으키고 막대한 돈을 모으자, 자기 재산의 사용과 분배에 관심을 갖기 시작했다. 그러던 중 자신을 거부로 만들어준 가장 중요한 재산은 지식과 인간관계였음을 깨달았다. 그 후 카네기는 이것을 하나의 철학으로 완성하여 부자가 되고 싶어 하는 모든 사람에게 알려주는 것이 그의 인생에서 중요한 목표가 되었다.

몇 년이 흐르는 사이 카네기는 각 사람들의 성공 원인을 연구하는 데 20년 이상을 보낼 만한 시간과 관심을 가진 젊은이가 필요하다는 것을 깨달았다. 내가 우연한 계기로(잡지에 그의 성공담을 싣기 위해 인터뷰를 하기로 했다) 카네기를 만났을 때, 그는 그러한 능력을 가진 것으로 보이는 250명 이상의 젊은이와 이미 면담을 마친 상태였다.

카네기는 예리한 통찰력으로 사람들의 성격을 능숙하게 분석해 냈는데, 인터뷰도 응할 겸 오랫동안 찾고 있던 인물의 자질을 내가 갖추고 있는지 따져볼 셈이었다. 그래서 나를 테스트할 정교한 계획을 미리 짜 놓고 있었다.

카네기는 먼저 자신의 성공담에 대해 운을 뗌으로써 인터뷰를 시작했다. 그리고 나서 아무리 초라한 노동자라도 마음만 먹으면 막대한 재산을 모을 수 있는 성공철학이 있다며 진지하게 이야기를 시작했다. 3일 밤낮 동안 그는 사람들이 성공철학을 알아내기 위해 얼마나 애쓰는지를 설명하면서, 자신의 아이디어에 대해 자세히 알려주었다. 그런 다음 내가 그 아이디어를 완성하는 데 적임자인가를 알아보기 위해 테스트를 시작했다.

"이제 새로운 성공철학에 대한 내 생각을 알았겠지요? 간단히 '예' 아니면 '아니오'라고 대답하면 됩니다. 내가 당신에게 세계 최고의 성공철학을 완성할 기회를 주고, 도움이 될 만한 사람들을 소개해준다면 이 일을 맡아서 끝까지 완성할 자신이 있소?"

순간 놀란 나는 헛기침을 하고 몇 초간 머뭇댔지만, 이내 간결하면서도 진중하게 대답했다.

"네, 그 일을 맡아서 완성해 놓겠습니다!"

나는 큰 소리로 말했다.

그것이 정답이었다. 그것이 카네기가 찾고 있던 대답, 즉 명확한 목표였던 것이다.

몇 년 후 나는 카네기가 그 질문을 하면서 스톱워치를 손에 쥐고 있었고, 대답을 위해 정확히 60초를 정해 놓고 있었다는 것을 알았다. 만약 내가 대답하는 데 조금만 더 뜸을 들였다면, 기회는 날아가 버렸을 것이다. 실제로 내가 대답하는 데 걸린 시간은 29초였다고 한다.

시간을 잰 이유에 대해 카네기는 이렇게 설명했다.

"즉시 결정할 줄 모르는 사람은 그것을 실행에 옮길 만한 모든 여건이 갖춰져 있다 해도 결국 성공하지 못한다는 것을 나는 경험상 잘 알고 있었소. 그러나 즉시 결정할 수 있는 사람은 대개 어려운 상황에 처해도 명확한 목표를 가지고 실행에 옮기는 능력이 있는 법이오."

테스트의 첫 장애물은 성공적으로 넘겼지만, 아직 또 다른 장애물이 기다리고 있었다.

"좋소. 당신은 내가 이야기한 성공철학을 완성할 사람에게 꼭 필요한 중요한 두 가지 자질 중 하나를 갖고 있군요. 이제 두 번째 자질도 갖고 있는지를 알아보겠소. 내가 성공철학을 완성할 기회를 준다면, 당신은 앞으로 20년 동안 아무런 보수도 받지 않고 지금껏 살아온 것처럼 당신의 힘으로 생활하면서 성공과 실패의 원인에 대해 연구하는 데 기꺼이 바칠 수 있겠소?"

그 질문은 충격이었다. 왜냐하면 나는 카네기의 막대한 재산으로부터 보조를 받는 게 당연하다고 생각했기 때문이다. 그러나 그처럼 중요한 임무에 왜 원조하기를 꺼리는지 되물음으로써 나는 충격에서 재빨리 벗어날 수 있었다.

"돈을 주는 게 싫어서가 아니요. 순전히 봉사의 의미로, 즉 보상을 생각하지 않고 이 일을 맡을 '천부적인 그릇'이 되는지 알고 싶어서였소."

그리고 나서 그는 인생에서 성공했다고 평가받는 많은 사람이 보수를 받기 위해서보다는 봉사정신을 따랐다는 사실을 일러주었다. 더불어 개인에게든 단체에게든 돈을 지원한 결과, 좋은 성과보다는 깊은 상처를 남기는 경우가 더 많았다는 사실도 환기시켰다.

그리고는 250명 이상의 사람이 놓쳐버린 기회가 나에게 주어졌다며 환하게 웃었다. 그들 중에는 나보다 훨씬 나이가 많고 경험이 풍부한 사람들도 있었는데, 그는 이렇게 이야기를 끝맺었다.

"내가 준 기회를 당신이 잘 이용한다면, 나의 물질적인 재산 정도는 조족지혈에 불과할 정도로 엄청난 부를 이룰 수 있을 것이오. 왜 냐하면 그 기회를 통해 훌륭한 정신을 통달하게 될 것이고, 세계에 서 가장 탁월한 인물들의 경험에서 큰 이득을 얻을 수 있을 테니까 말이오. 게다가 당신은 세상 곳곳에 좋은 영향력을 행사함으로써 아 직 태어나지도 않은 사람들까지도 부자로 만들어줄 수 있을 거요."

나는 그가 제시한 기회를 받아들였다. 그리고 명확한 목표를 세 울 것과 보상을 생각하지 말고 기꺼이 봉사하라는 교훈도 얻었다.

20년 후, 앤드류 카네기가 자신의 재산 중에서 가장 중요한 부분이 라고 말했던 성공철학이 완성되어 여덟 권의 책으로 세상에 발표되 었다.

"그래, 아무런 보수도 받지 않고 20년을 보낸 사람은 어떻게 됐 지? 노력의 대가로 어떤 보상을 받았을까?"

어떤 사람들은 이렇게 물을지도 모른다. 하지만 이 질문에 대한 완벽한 대답은 불가능하다. 왜냐하면 나 자신조차도 얼마나 이득을 얻었는지 자세히 모르기 때문이다. 더구나 이러한 이득 중에 어떤 것은 너무 유동적이어서 여생 동안 계속 증가할 테니 말이다.

그러나 물질적인 가치만 가지고 재산을 평가하는 사람들의 궁금 증을 해결해주기 위해서 이 정도는 알려줄 수 있다. 보상을 생각하 지 않는 원칙을 응용해 얻은 지식의 결과로 탄생한 책 한 권이 이미 300만 달러 이상의 이익을 냈다. 그 책을 쓰는 데 걸린 실제 시간은 4개월이었다.

명확한 목표와 보상을 생각하지 않고 일하는 자세는 상상력이 풍 부한 사람들조차 예상치 못할 엄청난 힘을 만들어낸다. 그러나 그것은 성공을 이끌어내는 열일곱 가지 원칙 중에 단 두 가지일 뿐이다.

명확한 목표의 힘을 유도해내는
일곱 가지 조건

이제 명확한 목표의 힘과 그 힘을 유도해내는 심리학적 원리에 대해 자세히 알아보도록 하자.

첫 번째 조건

명확한 목표를 세우고, 그것을 달성하기 위해 명확한 계획을 세운다.

두 번째 조건

성공은 동기와 동기들이 결합한 결과다. 인간의 자발적인 행동을 유도하는 동기에는 모두 아홉 가지가 있다(이 동기들에 대해서는 1장에서 설명한 바 있다).

세 번째 조건

간절한 열망, 계획 또는 목표는 생각의 반복을 통해 마음속에 자리 잡고, 그것을 실현하고 싶은 열망으로 발전되며 잠재의식에 새겨진다. 그리하여 어떤 자연스러운 계기를 통해 논리적인 클라이맥스를 맞이하고 성취단계로 접어들게 된다.

네 번째 조건

간절한 열망, 계획 또는 목표는 의식 속에서 일어나며, 그것을 실현하리라는 절대적인 믿음을 수반하여 즉시 잠재의식에 새겨진다. 이러한 종류의 열망이 성취되지 않았다는 기록은 알려진 바가 없다.

다섯 번째 조건

생각의 힘은 사람이 완전하고도 절대적으로 컨트롤할 수 있는 유일한 대상이다. 그 생각의 힘을 통해 사람은 우주의 무한한 지혜를 얻어올 수 있다.

여섯 번째 조건

잠재의식이란 우주의 무한한 지혜에 도달하기 위한 입구와 같으며, 그것은 신념의 정도에 정확히 비례하여 그 필요에 응답한다. 그리고 신념을 통해 잠재의식과의 접촉이 이루어지면, 정확한 해답으로 안내해준다.

일곱 번째 조건

절대적인 신념이 수반된 명확한 목표는 지혜의 한 형태라고 볼 수 있으며, 그 지혜를 실행에 옮길 때 긍정적인 결과를 낳는다.

명확한 목표의
주요 효과

명확한 목표는 독립심 · 독창성 · 상상력 · 의욕 · 절제와 집중력을 발달시키며, 이 모든 능력은 물질적인 성공을 획득하기 위한 필수조건이다.

명확한 목표는 날마다 시간 계획을 세우고, 인생의 중요한 목표를 달성하기 위해 분투하도록 유도한다.

명확한 목표는 인생의 중요 목표를 달성할 수 있는 기회에 더욱 주의를 기울이게 하고, 그러한 기회를 만났을 때 실행에 옮기는 용기를 북돋아준다.

명확한 목표는 다른 사람들의 협조를 불러일으킨다.

명확한 목표는 긍정적인 정신자세를 갖게 하고, 두려움 · 의심 · 우유부단 같은 장애에서 벗어나게 함으로써 목표 달성을 확신하게 한다.

명확한 목표는 성공 의식을 갖게 해주는데, 그것 없이는 어떤 직업에 종사하든지 영구적인 성공을 획득하지 못한다.

명확한 목표는 지지부진하게 뒤로 미루는 나쁜 습관을 극복하게 해준다.

명확한 목표는 인생의 열두 가지 재산 중 첫 번째, 즉 '긍정적인 정신자세'를 발달시키고 계속 유지할 수 있게 해준다.

이것이 명확한 목표를 통해 얻을 수 있는 가장 중요한 효과로, 인생의 열두 가지 재산과도 직접 연관되어 있다. 열두 가지 재산 역시 단일한 목표를 추구해야 획득될 수 있기 때문이다.

세계에서 거대한 성공을 이룬 사람들은 모두 주요 목표를 정하고 노력을 집중함으로써 탁월한 업적을 남길 수 있었다.

토머스 에디슨은 그의 피나는 노력을 전적으로 과학 발명에 바쳤다.

앤드류 카네기는 철강 제조와 판매에 매달렸다.

프랭크 울워스Frank Woolworth는 5~10센트짜리 염가 연쇄점 운영에 온 정신을 기울였다.

월터 크라이슬러Walter Chrysler는 자동차 사업에 매진했다.

윌리엄 듀런트William Durant 역시 자동차 사업에 총력을 기울였다.

필립 아머Philip Armor는 육류를 포장하고 배달하는 데 전문이었다.

제임스 힐James Hill은 거대한 대륙 간 철도 건설과 관리 사업에 온 정신을 집중했다.

알렉산더 그레이엄 벨은 근대 통신의 발전과 관련된 과학 연구에 매진했다.

마셜 필드Marshall Field는 세계에서 가장 큰 소매점을 운영했다.

사이러스 커티스는 전 생애를 〈새터데이 이브닝 포스트Saturday Evening Post〉의 발행과 발전에 바쳤다.

워싱턴, 제퍼슨, 링컨, 패트릭 헨리와 토머스 페인은 모든 사람의 자유를 위한 오랜 투쟁에 그들의 생애와 재산을 헌납했다.

이처럼 그들은 모두 단일한 목표를 가진 사람들이었다. 이 외에

도 오늘날 우리가 살고 있는 이 세상을 존재하게 만든 이들의 이름을 열거하자면 끝이 없을 것이다.

명확한 목표를 정하는 방법

인생의 명확한 주요 목표를 정하는 방법은 간단하지만 매우 중요하다.

- 인생의 주요 목표에 대해 간결하고도 명확하게 글로 써본다. 그런 다음 적어도 매일 한 번씩, 가능하다면 여러 번 반복하여 소리 내어 읽어본다. 반복하여 읽고 또 읽음으로써 목표의식을 마음에 새긴다.
- 주요 목표를 달성하기 위한 간결하면서도 명확한 계획을 글로 적어본다. 이 계획 속에는 최대한 언제까지 목적을 달성할 것인지 기간을 적어놓는다. 그런 다음 세상에 공짜로 되는 것은 없고, 모든 일은 응당히 값을 치르고 얻어야 한다는 사실을 기억하면서 목표를 실현시키기 위해 어떤 노력을 할 것인지 정확히 적는다.
- 융통성을 가져라. 계획은 언제든지 바뀔 수 있다. 또 온 우주만물을 주관하는 신은 당신이 상상할 수 있는 것보다 훨씬 뛰어난 계획을 가르쳐줄 능력이 있다. 그러므로 마음에 어떤 좋은

생각이 떠오르면 주저하지 말고 받아들인다.

- 명확한 주요 목표와 달성 계획은 6장 마스터 마인드^{Master Mind} 원리에서 설명하겠지만, 특별한 경우를 제외하고는 절대 남에게 함부로 알리지 않는다.

이와 같은 사항을 섣불리 판단하고 시시하다 여기지는 마라. 글자 하나하나 그대로 믿으며 지시사항을 엄밀히 따라가면, 성공한 수많은 위인의 절차를 그대로 밟을 수 있다는 것을 기억해야 한다.

그리고 이 방법들은 당신이 쉽게 따라 할 수 없는 노력이나 평범한 사람들이 견딜 수 없는 시간, 능력을 요구하지 않는다. 그리고 모든 참된 종교의 철학과도 완벽하게 조화를 이룬다.

이제 당신이 인생에서 무엇을 원하고, 그 대가로 무엇을 지불할 것인지를 결정하라. 어디로 가고 어떻게 도달할 것인지를 결정하라.

그런 다음 당신이 지금 서 있는 곳에서 출발해보라. 이때 무엇이든 목표를 달성하는 데 필요한 수단을 가지고 출발하라. 당신이 그러한 수단을 사용할 때, 다른 더 좋은 수단이 나타난다는 것을 이내 깨닫게 될 것이다.

세상이 성공했다고 인정하는 모든 사람도 그런 경험을 해왔다. 그들은 시작은 미미했지만 명확한 목표를 달성하겠다는 열정은 매우 뜨거웠다. 그러한 열망에는 영원히 사라지지 않는 마법이 들어있는 것이다. 그런데 한 가지 기억할 점이 있다.

한 번 지나간 일은 후회해봤자 아무 소용이 없다.

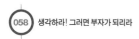

어제는 영원히 사라져버렸다. 하지만 오늘은 어제의 내일이었다. 지금 이 순간, 오늘에 최선을 다하자.

이제 나는 성공이라는 아치에 쐐기돌이 될 원칙, 즉 자유기업제와 모든 부를 가능하게 한 원리에 대해 소개할 것이다. 그런데 그 전에 먼저 당신이 인생에서 무엇을 열망하는지부터 확실히 해놓을 것을 권하고 싶다.

아이디어는 명확한 목표에서 시작된다

아이디어에는 고정 가치가 있을 수 없다. 아이디어가 모든 성공의 시작이기 때문이다.

아이디어는 모든 재산의 토대이며, 모든 발명의 출발점이다. 아이디어는 우리가 숨 쉬는 공기와 바닷물까지 정복한다. 즉, 아이디어를 통해 우리는 우주의 보이지 않는 에너지까지 활용할 수 있는 것이다. 모든 아이디어는 명확한 목표에서 시작된다.

에디슨이 명확한 목표를 가지고 처음 축음기를 고안했을 때, 그것은 잠재의식을 통해 무한한 우주의 지혜에 투영시키고 실현 가능성 있는 계획이 떠오르기까지 추상적인 아이디어에 불과했다. 하지만 그는 이 계획을 작동이 가능한 기계로 바꿔놓았다.

이 책의 성공철학은 앤드류 카네기의 마음속에 일어난 한 아이디어에서 시작되었다. 그는 자신의 아이디어에 명확한 목표를 수반시켰고, 이제 그 성공철학은 전 세계 수백만 사람에게 놀라운 이득을 가져다주었다. 더욱이 그의 아이디어에서 이득을 얻는 사람들은 지금도 점점 늘어나고 있다.

'신세계'라고 불리는 북미 대륙의 발견은 평범한 선원의 머리에 떠오른 하나의 아이디어와 명확한 목표가 수반된 결과였다. 400여 년 전에 떠오른 아이디어가 미국이라는 나라를 건설하고, 세계 최고의 선진국으로 눈부시게 발전하리라고 누가 상상이나 했겠는가.

머릿속에 떠오른 아이디어를 확인하고, 의심해보고 또는 존중하는 등 여러 가지로 생각해보면 실제적으로 적용할 수 있는 형태를 찾을 수 있다. 사람들이 믿는 것에 대해 이야기를 나누고, 과연 그것이 옳은지 옳지 않은지를 의심하는 것은 아이디어가 한두 가지 형태로 자리 잡기 위한 가장 확실한 방법이다. 특히 가난과 곤궁에서 벗어나려고 노력하는 사람들은 이러한 원리에 귀를 기울여야 한다. 미국이라는 나라에 일어난 기적이 사람에게도 일어날 수 있기 때문이다.

잠재의식은 성공의 중요한 연결고리

이제 의식 속에 들어 있던 생각·아이디어·계획·희망과 목표가 잠재의식 속으로 들어가서 내가 나중에 설명할 자연법칙을 통해 논리적인 결론을 맺게 되는 원리에 대해 눈을 돌려보자.

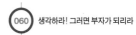

이 원칙을 깨닫고 이해하려면 명확한 목표가 왜 모든 성공의 시작이 되는지를 먼저 깨달아야 한다.

의식에서 잠재의식으로 옮겨가는 생각의 전이轉移는 단순한 점증漸增 과정을 통해서 촉진되거나, 확실한 신념과 명확한 목표에 근거를 둔 뜨거운 열망·열정 같은 매우 강렬한 감정을 통해 촉진된다.

생각에 신념이 더해지면 그것이 잠재의식에 전해져 현실로 드러나는 명확성과 속도가 엄청나게 높아진다. 신념의 힘으로 인해 생긴 속도가 너무 빨라서 많은 사람이 '기적'이라고 믿는 일이 생기는 것이다.

심리학자와 과학자들은 모든 일은 명백한 원인의 결과로 일어난다고 주장하면서 기적을 인정하지 않고 있다. 그러나 정신력을 통해 마음속의 모든 구속을 떨쳐버린 사람은 타고난 기질이 어떻든 상관없이 자신의 모든 문제를 해결할 능력이 있다. 이것은 명백한 사실이다.

물론 심리학자와 과학자들이 우주의 무한한 지혜가 모든 수수께끼를 자동으로 해결한다고 주장하지는 않지만, 그럼에도 완벽한 신념에 의해 잠재의식에 새겨진 명확한 아이디어·목표·목적 또는 열망에 결실을 가져다줄 수 있다는 점은 인정하고 있다.

그렇다고 우주의 무한한 지혜가 잠재의식에 들어 있는 어떤 생각을 수정하거나 바꿔놓지는 않으며 단순한 바람이나 불명확한 아이디어, 생각 또는 목적 따위는 실현시키지도 않는다. 이런 점을 명심하고 강한 신념을 잠재의식에 새기면, 당신은 다른 사람들이 고심하는 것보다 훨씬 적은 노력으로 갖가지 문제를 충분히 해결할 수 있게 된다.

소위 '육감'이란 무한한 우주의 지혜가 우리의 의식과 접촉을 시도한다는 것을 나타내는 일종의 신호다. 또한 육감은 대개 잠재의식에 들어 있는 아이디어·계획·목적이나 열망에 대한 반응으로서 나타난다.

따라서 모든 육감은 당사자에게 큰 가치를 지닌 정보의 한 토막 또는 전체를 전달할 수 있기 때문에 존중하며 주의 깊게 검토해야 한다. 이러한 육감들은 종종 계기가 된 생각이 무한한 우주의 지혜에 접촉한 지 몇 시간, 며칠 또는 몇 주 뒤에 나타난다. 그러나 이런 육감은 그냥 얻어지는 게 아니라, 오직 명상과 목표 달성에 대한 끊임없는 생각을 통해서만 가능하다.

이와 같이 사람의 일은 주로 어떤 생각을 품고 사느냐와 정확히 일치한다. 이것은 우리의 인생에서 가장 심오한 진리 중 하나다. 성공한 사람들은 성공과 관련하여 생각하는 습관을 지녔기 때문에 성공할 수 있었다. 그리고 명확한 목표는 마음을 완벽하게 지배하게 만들기 때문에 실패를 떠올릴 만한 어떤 시간이나 공간도 내주지 않는다.

인생의 또 다른 심오한 진리는 실패한 사람과 스스로 패자라고 여기는 사람들이 마음가짐을 바꿈으로써, 역경이라는 바람을 성공을 향해 날라다주는 힘으로 전환시킬 수 있다는 점이다. 이를테면 다음과 같은 이치다.

배 한 척은 동쪽으로 항해하고, 다른 배는 서쪽으로 항해하고 있지만, 똑같은 바람을 맞으며 추진력을 얻고 있다. 따라서 배를 몰고 어느 쪽으로 가야 할지 정하는 것은 돛을 어떻게 세우냐이지, 결코 바람의 방향 때문이 아니다.

물론 자신이 '냉철한 두뇌에 유능한 사업가'로 통한다며 엄청난 자부심을 갖고 사는 사람이라면, 이런 명확한 목표의 원리가 비현실적으로 들릴 수 있다. 그러나 의식적인 사고의 힘보다 더 큰 힘이 존재하며, 그것은 인간의 유한한 두뇌로는 지각할 수 없을 때가 많다. 이러한 진리를 받아들이는 것은 명확한 목표의 성공적인 도달을 위해 필수적이다.

플라톤과 소크라테스에서 현대의 에머슨에 이르는 위대한 철학자들과 조지 워싱턴, 에이브러햄 링컨 등 우리 시대의 위대한 정치가들은 위기의 순간마다 늘 신을 향한 '영적인 자아'를 추구한 것으로 알려져 있다. 그들과 마찬가지로 나 또한 영구적인 성공은 신의 영적인 능력을 부정하고는 불가능하다고 생각한다. 신의 능력은 '영적인 자아'를 통해서만 감지하고 얻을 수 있기 때문이다.

사람들 각각의 생활환경은 그것이 실패를 부르는 것이었든 성공을 부르는 조건이었든 명확한 원인의 결과다. 그리고 그들 각자의 생활환경은 대부분 스스로 만든 결과다.

이 명백한 진리야말로 명확한 목표의 원리에서 가장 중요한 것이다. 따라서 자신이 바라지 않는 생활환경에서 살아가고 있다고 낙심하지 마라. 정신자세를 바꾸고, 새롭고도 바람직한 사고 습관을 형성하면 얼마든지 바라는 환경으로 변화시킬 수 있다.

명확한 목표로 성공을
이룬 사람들

미국의 산업발전에 큰 공헌을 했던 훌륭한 기업가는 수없이 많다. 그중 월터 크라이슬러만큼 눈부신 활약을 한 인물도 드물 것이다. 그의 이야기는 부와 명예를 염원하는 모든 젊은이에게 희망을 주고 있으며, 명확한 목표를 세우고 실천했을 때 얻을 수 있는 능력의 좋은 사례가 되고 있다.

그가 자동차업계로 진출했을 때의 일화는 한 편의 드라마를 보는 것과 같다.

크라이슬러는 유타 주의 솔트레이크 시티에 있는 한 선로線路 회사에서 정비공으로 일을 시작했다. 몇 년 후 사업을 하기로 결심한 그는 세밀하게 여러 방면을 조사해보았다. 그 결과 자동사 사업이 전망 있다고 판단, 저축한 4,000달러를 자본금으로 해서 그 분야에 진출하기로 결심했다.

그는 먼저 저축한 돈을 몽땅 쏟아부어 자동차 한 대를 샀다. 그의 친구들과 친척들은 깜짝 놀랐다. 그런데 그들은 또다시 큰 충격을 받아야 했다. 자동차가 솔트레이크 시티에 도착하자마자 크라이슬러는 그것을 조각조각 분해해서 가게에 잔뜩 늘어놓았기 때문이다. 게다가 그는 분해한 자동차 부속들을 다시 조립하기 시작했다.

그가 그런 실험을 너무 자주 벌였기 때문에 어떤 친구들은 그가 미쳤다고 생각할 정도였다. 하지만 그들은 크라이슬러가 자동차를 분해, 조립하는 일련의 행동을 보면서 쓸데없는 짓이라고 여겼을 뿐, 크라이슬러의 마음속에 이미 한 계획이 자리 잡고 있다는 것은 미처 깨닫지 못했다.

크라이슬러는 자신의 마음을 온통 '자동차'로 채웠다. 명확한 목표로 가득 채운 것이다. 그는 꼼꼼하게 차의 구석구석을 살펴보고 싶었다. 그렇게 몇 날 며칠 동안 자동차를 낱낱이 분해하고 재조립하면서 그 자동차의 모든 장점과 단점에 대해 통달하게 되었다.

이를 기반으로 그는 구입한 자동차의 모든 장점을 차용하고, 모든 단점을 제거시킨 자동차 제작에 착수했다. 얼마 후 그는 이 사업을 너무나 철저히 준비했기 때문에 자동차 전 업계에 일대 센세이션을 몰고 올 수 있었다. 크라이슬러가 빠른 속도로 부와 명예를 거머쥘 수 있었던 것은 이처럼 여행을 시작하기 전에 어디로 가야 할지를 알고 치밀하게 준비했기 때문이다.

이렇게 명확한 목표를 갖고 움직인 사람들을 관찰해보면, 그들이 타인의 호의적인 협조를 얼마나 쉽게 끌어들이고, 저항을 무마하고 원하는 목표를 얻었는지를 깨달을 수 있을 것이다.

월터 크라이슬러를 면밀히 분석해보면, 그가 인생의 열두 가지 재산을 얼마나 확실하게 거두었는지를 알 수 있다. 모든 재산 중에서 가장 중요한 것, 즉 '긍정적인 정신자세'를 발전시킴으로써 그는 그 모든 재산을 거둘 수 있었다. 그것이 그에게 좋은 자동차를 만들겠다는 명확한 목표의 씨앗을 심을 수 있는 비옥한 땅을 제공해준 것이다.

그러고 나서 그는 하나씩 하나씩 다른 '부'를 획득해나갔다. 즉, 건강 · 조화로운 인관관계 · 공포로부터의 자유 · 성공에 대한 희망·신념·베푸는 마음·자선 활동·너그러운 마음씨·자제심·이해심과 마지막으로 경제적인 보장까지.

크라이슬러의 성공과 관련해 가장 특이한 것 중 하나는 그가 너무나 단순한 방법으로 그것을 획득했다는 데 있다. 그는 출발할 때 충분한 자본금을 갖고 있지 않았다. 그의 교육 수준 또한 높지 않았다. 게다가 뒤를 봐주는 든든한 후원자도 없었다.

그러나 크라이슬러는 실용적인 아이디어를 갖고 있었으며, 자신이 처한 바로 그 상황에서 시작해 발전할 수 있는 충분한 사업적 재간을 갖고 있었다. 그가 명확한 목표를 현실로 바꾸기 위해 필요로 했던 모든 것은 거의 기적처럼 가능한 빨리 그의 손에 쥐어졌다. 그것은 명확한 목표를 갖고 움직이는 사람에게는 그리 드문 일이 아니다.

200만 달러의 목표

《놓치고 싶지 않은 나의 꿈 나의 인생 1》이 출간되고 얼마 되지 않았을 무렵, 출판사는 아이오와 주 디모인 인근의 여러 서점으로부터 책을 보내달라는 전보 주문을 받았다. 급행으로 즉시 책을 발송할 것을 요구하는 주문이었다. 얼마 후, 출판사에 '선Sun 생명보험회사'의 세일즈맨인 에드워드 체이스가 보낸 편지가 도착하고서야 급작스러운 주문의 베일이 벗겨졌다.

귀사의 책《놓치고 싶지 않은 나의 꿈 나의 인생 1》에 대해 감사를 표하기 위해 이 편지를 씁니다. 저는 책에 나온 충고를 글자 그대로 따라 했습니다. 그 결과, 200만 달러짜리 생명보험 증권을 판매할 수 있는 아이디어를 만들어냈습니다. 그것은 디모인 보험업계에서 가장 큰 단일 품목이었습니다.

편지의 핵심은 두 번째 문장에 있었다.
'저는 책에 나온 충고를 글자 그대로 따라 했습니다.'
그는 명확한 목표를 가지고 책에서 이야기하는 성공철학을 실천했으며, 그리하여 5년 동안 노력해서 얻은 판매 이익보다 더 많은 돈을 한 시간 안에 벌 수 있었다. 간단한 문장 속에서 체이스는 평범한 보험 세일즈맨에서 벗어나 백만장자 대열에 진입하게 해줄 영업 방식의 핵심을 짚어낸 것이다.

200만 달러의 생명보험 증권을 판매하러 나갈 때, 그는 강한 신념과 함께 명확한 목표의식을 지니고 갔다. 수백만 사람이 그런 것처럼 단순히 책을 읽는 데만 그친 게 아니라, 그 책을 통해 배운 원리가 자신뿐만 아니라 타인에게도 효과가 있을 거라는 확신을 갖고, 냉소와 의심을 멀리 던져버린 것이다.

그는 마음을 활짝 열고 기대를 갖고 책을 읽었으며, 책에 포함된 아이디어의 힘을 깨닫고 명확한 목표를 세운 뒤, 그 아이디어를 실천에 옮겼다. 책을 통해 체이스의 마음은 저자의 마음과 일치했으며, 그럼으로써 그의 마음은 명확하고 강렬하게 자극받아 하나의 새로운 아이디어를 탄생시킨 것이다.

그 아이디어는 예전에 팔았던 어떤 상품보다도 훨씬 큰 액수의 생명보험 증권을 판매하는 것으로 보험증권 판매는 그의 명확한 인생 목표가 되었다. 그는 주저하거나 미루지 않고 즉시 그 목표를 행동에 옮겼다. 그리하여 그의 목표는 채 한 시간도 되지 않아 달성되었다.

이처럼 명확한 목표에 의해 동기가 유발되고, 정신적인 능력으로 목표를 행동에 옮기는 사람은 우유부단한 자신에게 의욕을 불어넣어 영광의 자리에 오를 수 있게 된다. 생명보험을 팔든 굴삭기를 팔든 무슨 일을 하든 마찬가지다.

또한 명확하고 설득력 있는 아이디어가 마음속에서 새로 생겨나면, 그것은 그 사람의 마음속에서 진행되는 생화학 작용을 바꾸어준다. 그래서 실패나 좌절이란 존재하지 않는다고 믿는 정신자세를 지니게 만든다.

사람들이 가지고 있는 공통적인 약점은 모든 장애물을 얼마든지 제거할 수 있는 내적인 능력을 갖고 있으면서도 그걸 깨닫지 못하고 그저 자기 앞에 장애물이 있다는 것만 보는 것이다.

나눔과 성공의 길

인생의 진정한 '부'란 그것을 나누어 받는 사람들이 누리는 이익의 정도에 따라 정확한 비율로 증가

한다.

이것이 사실이라는 것은 내가 100퍼센트 증명할 수 있다. 나 자신이 나누어줌으로써 부자가 되었기 때문이다. 내가 누군가에게 이익이 되는 일을 하면, 그 대가로 무엇이든 어떤 식으로든 남에게 나누어준 것보다 열 배나 많이 거둘 수 있었다.

개인적인 문제를 해결하는 가장 확실한 방법은 더 큰 문제를 가진 사람을 찾아내서 보상을 생각하지 말고 그 문제를 해결하게 도와주는 것이다. 이것은 내가 밝혀낸 많은 진실 중에서 가장 위대한 진실이다. 매우 간단한 방법이지만 마치 마술처럼 신비롭고, 결코 실패하는 법이 없다.

그러나 당신이 내 성공담을 단지 인정한다고 해서 그 방법을 사용할 수 있는 것은 아니다. 당신은 그것을 당신 자신의 방법으로 수용하고 적용해야 한다. 그렇게 하면 당신은 어느 누구의 성공 사례도 필요하지 않게 된다. 그러려면 먼저 당신 주변에 많은 기회가 있다는 것을 깨달아야 한다. 왜냐하면 타인이 길을 찾아가도록 도와줌으로써 당신도 스스로 갈 길을 찾을 수 있기 때문이다.

예를 들어 이웃이나 직장 동료들과 함께 친목 동우회를 만들어 당신 스스로 그룹의 리더와 교사 역할을 행함으로써 그런 일을 시작할 수 있다. 여기에서 당신은 또 다른 위대한 진리를 배우게 될 것이다. 즉, 인생의 성공철학 원칙을 사용하는 가장 좋은 방법은 그것을 타인에게 가르쳐주는 것이라는 사실이다. 어떤 사람이 어떤 것을 가르치기 시작한다면, 그는 자기가 가르치는 것에 대해 더 많은 것을 배우는 법이다.

당신은 지금 성공철학을 배우는 학생이 되었지만, 그것을 타인에게 가르쳐줌으로써 그 철학의 주인이 될 수도 있다. 그리하여 풍부한 보상을 받게 될 것이다.

만약 당신이 평범한 샐러리맨이라면, 직원들의 관계를 평화롭고 조화롭게 조정하도록 도움으로써 당신 자신의 가치를 발견하는 좋은 기회가 될 것이다. 또 당신이 직원을 관리하는 간부라면, 부하직원들의 신뢰와 고용주의 완벽한 협조를 얻을 수 있을 것이다. 그게 정말일까? 이 철학을 적용하는 대가로 그런 일이 일어난다고 정말 약속할 수 있을까?

물론 그렇다. 성공철학의 원리를 적용해 운영하는 노동조합은 그 원리의 영향을 받는 모든 이에게 이익을 가져다줄 것이다. 불화는 조합원들의 화합으로 대체되고, 선동과 노동 착취는 자동적으로 제거될 것이다. 노동조합의 기금은 정치적인 뒷거래를 위해서가 아니라 조합원들의 교육을 위해 쓰일 것이다.

임금에도 더 많은 이득이 있을 것이다. 이를테면 회사 경영자 측에서 최악의 단체행동이 일어날 경우를 대비해 강제로 부과하는 예비기금을 근로자들에게 돌려주는 것이다. 그러므로 모든 기업마다 친목을 다지는 동우회가 있어야 한다.

미국의 경우를 들어보자. 대기업에서는 동우회를 위한 공간이 마련되어 있다. 회원 구성은 근로자와 경영자 측 양편에서 가입이 가능하다. 누구나 동의할 수 있는 원칙에 근거한 공공의 모임이기 때문이다. 회사의 경영자 측과 근로자 사이에 존재하는 혼란이 미국의 경제 문제를 일으키는 첫 번째 요인임을 잘 알고 있기 때문에 이러한 동우회의 구성을 특히 강조하는 것이다.

따라서 당신이 이미 명확한 인생의 목표를 받아들였다면, 이제 그것을 행동에 옮겨야 한다. 성공철학을 필요로 하는 사람들에게 가르쳐주는 것이 그 실천의 시작이다.

이웃에게 어려움이 닥쳤을 때 돕는 것은 자신에게 이득을 가져다 주기도 하지만, 현재 우리가 사는 세상은 그런 행동이 필수적인 자기방어의 수단이기도 하다. 예를 들어 이웃집에 불이 났다면, 당신은 그 불이 꺼지도록 자발적으로 나서서 도와줄 것이다. 이웃과 친한 사이가 아니라고 할지라도 상식상 그렇게 해야 당신 자신의 집을 구할 수 있다는 것을 잘 알고 있기 때문이다.

기업의 경영자 측과 근로자 측 사이에서 조화를 모색할 때, 나는 경영자의 이해관계에만 중점을 두지 않는다. 왜냐하면 양측 사이에 조화가 성사되지 못하면, 경영자 측도 근로자 측도 우리가 살고 있는 현실에서 번영의 뿌리를 내릴 수 없다는 것을 잘 알고 있기 때문이다.

건전한 인생철학을 가진 사람이라면, 불과 10년 전만 해도 없었던 풍부한 기회들에 둘러싸인 자신을 발견하게 될 것이다. 그러나 명확한 목표 없이 성공을 꿈꾸는 사람은 평균적인 수준보다 훨씬 더 큰 어려움을 만나게 될 것이다. 반면 현재와 미래의 세계에서 돈을 벌 수 있는 기회는 직장에서 리더십을 발휘할 채비를 하는 사람에게 더 많이 돌아갈 것이다.

어떤 분야에서든 리더십은 건전한 철학이 바탕이 되어 있을 것을 요구한다. '마구잡이' 식의 리더십이 통하던 시대는 이미 지나가버렸다. 현재에도 마찬가지지만 기술과 능력, 인간에 대한 이해가 빠르게 변화되는 세상에서는 그러한 리더십이 더욱 요구된다.

특히 공장에서 감독 일을 하는 사람은 장차 새로운 책임을 수행해야 할 것이다. 그들은 능률적인 생산에 필수적인 작업장의 기계에 대해 정통해야 하는 것은 물론, 그들이 책임지고 있는 근로자들 사이의 화목한 분위기 조성에도 유능해야 한다.

오늘의 젊은이가 내일의 지도자가 된다. 그들을 위해 우리는 무엇을 해줄 수 있을 것인가? 이것이 우리의 가장 중요한 문제이고, 학교 교사들의 어깨 위에 떨어진 가장 중요한 의무이자 부담이다.

당신이 아직 명확한 목표를 갖고 있지 않다면, 이 변화된 세상에서 당신이 적응할 분야를 찾아 목록을 만들어라. 당신 스스로 새로운 기회를 만들고 준비해야 한다.

목표의
선택

만약 그럴 만한 특권이 주어진다면 나는 당신의 능력과 요구에 걸맞은 명확한 목표를 골라주고, 목표를 달성할 수 있는 간단한 계획까지 세워줄 것이다. 그러나 나는 당신 스스로 하는 방법을 알려줌으로써 더 효과적인 봉사를 할 수 있다.

아이디어를 찾다 보면 언젠가는 그것이 당신 앞에 드러날 것이다. 그것은 성공철학을 공부하는 사람들이 대부분 경험하는 것이다. 일단 아이디어가 떠오르면 벗어날 수 없는 힘으로 다가오기 때문에 당신이 깨달을 수밖에 없다. 진심으로 원하고 찾고 있다면 확신할 수 있을 것이다.

성공철학의 뛰어난 면은 새로운 아이디어를 창조하도록 자극하고, 예전에 모르고 지나쳤던 성장의 기회를 발견하며, 그러한 기회 중의 대부분을 독창적으로 수용하고 사용하게 한다는 데 있다.

이러한 성공철학의 기능은 우연의 결과가 아니고 이미 예정되어 있다. 자기 스스로 창조한 아이디어가 남에게서 빌려온 것보다 훨씬 좋은 결과를 내는 건 당연한 일이다. 왜냐하면 쓸모 있는 아이디어를 만들어낸 바로 그 방법을 통해 추가적인 아이디어를 계속 획득할 수 있기 때문이다.

따라서 아이디어는 스스로 만들어내는 것이 가장 좋으며, 독립심은 귀중한 가치를 지닌 재산이기도 하다. 하지만 때로는 다른 사람들의 도움을 끌어올 필요가 있을 때도 있다. 특히 뛰어난 리더십을 발휘하고자 열망하는 사람에게는 그런 시기가 꼭 필요할 것이다.

이제 나는 당신에게 명확한 목표를 달성하기 위해 많은 사람의 협력을 얻을 수 있는 방법을 알려주고자 한다.

앤드류 카네기가 아무런 자본도 없이 변변치 못한 학력으로 사업을 시작했음에도 거대한 철강 산업을 일으킬 수 있었던 것도 같은 방법을 사용했기에 가능했다. 토머스 에디슨이 물리학·수학·화학·전기 등 발명가로서 꼭 필요한 모든 과학 분야에 대해 별 지식이 없으면서도 세계에서 가장 뛰어난 발명가가 된 것 역시 같은 방법이었다.

그러므로 교육, 자본, 기술적 능력이 부족하다고 해서 인생의 목표를 세울 때 기죽을 필요가 전혀 없다. 왜냐하면 성공철학의 원칙을 적용함으로써 무슨 목표를 세우든지 달성할 수 있기 때문이다.

그런데 성공철학이 할 수 없는 단 한 가지 일이 있다. 바로 당신의 목표를 골라줄 수 없다는 것이다. 그렇지만 일단 당신이 자신의 목표를 설정한다면, 이 성공철학이 당신을 목표지로 정확하게 안내할 것이다. 그것은 영원불멸의 약속이다. 따라서 지금 당장 당신이 해야 할 중요한 일은 인생에서 무엇을 열망하는지, 어디로 가야 하고, 그것을 얻기 위하여 무엇을 해야 하는지를 알아내는 것이다. 이 것은 당신 외에 어느 누구도 맡을 수 없는 일이다.

나는 당신이 무엇을 열망해야 하는지, 얼마나 성공을 바라야 하는지 이야기해줄 수는 없지만, 성공을 획득할 수 있는 방법은 얼마든지 알려줄 수 있고 또 알려줄 것이다.

불타는 열망의 힘

'성공은 명확한 목표를 정하는 것부터 시작된다.'

이런 사실을 귀가 따갑도록 강조하는 것은 100명 중 98명이 명확한 목표를 정하지 않고 인생을 살아가는 게으른 생활이 일반화되어 있기 때문이다.

목표의 단일성은 귀중한 자산이다. 왜냐하면 그것을 가진 사람들이 거의 없기 때문이다. 그러나 당신의 욕망은 단순한 희망사항이나 바람에 그쳐서는 안 된다. 그것은 불타는 열망, 즉 너무나 바란 나머지 무슨 대가를 치르고라도 꼭 달성하고 싶어 하는 욕망이어야 한다. 그 대가란 많을 수도 적을 수도 있지만, 어쨌든 당신은 대가를 치를 각오를 하고 있어야 한다.

그런데 신기한 점은 당신이 인생에서 명확한 주요 목표를 선택하자마자, 그 목적을 획득하는 수단과 방법들이 즉시 당신 앞에 나타나는 기이한 상황을 맞이하게 된다는 것이다. 뿐만 아니라 당신이 기대조차 하지 않았던 기회들도 나타날 것이다.

또한 다른 사람들의 협조가 당신에게 다가올 것이고, 마치 마법에라도 걸린 듯이 여기저기에서 친구들이 나타날 것이다. 또 두려움과 의심은 사라지기 시작하고, 독립심이 그 자리를 차지할 것이다. 초심자에게는 이런 말이 비현실적인 약속처럼 들릴 수도 있겠지만, 우유부단한 성격을 제거하고 인생의 명확한 목표를 정한 사람에게는 그렇지 않을 것이다.

나는 다른 사람들을 관찰한 결과만이 아니라 내 자신의 경험에서 비롯된 사실을 말하는 것이다. 나는 나 자신을 침울한 실패자에서 성공가로 바꾸었다. 그러므로 이 성공철학이 제공하는 안내 지도를 따라가다 보면, 큰 이득을 얻을 수 있다고 자신 있게 말할 수 있는 권리가 있다.

당신이 명확한 주요 목표를 선택할 때, 주변의 친구나 친척들이

'공상가'라고 불러도 기죽을 필요는 없다. 인간의 모든 진보에서 선구자 역할을 한 사람은 모두 공상가들이었기 때문이다. 그러므로 꿈을 꾸는 것에 대해 부끄러워하지 말고, 명확한 목표에 근거하여 그 꿈을 행동으로 옮겨야 한다.

당신의 성공 가능성은 당신보다 우월한 조건을 갖춘 어느 누구 못지않게 충분하다. 과거 수많은 사람이 거칠고 힘든 길을 걸으며 일구어낸 성공 중에서 그 원리만을 배워 이용하는 당신은 여러 가지 면에서 훨씬 많은 가능성을 갖고 있는 것이다.

불타는 열망으로 성공을 이룬 사람들

로이드 콜리어Lloyd Collier는 노스캐롤라이나 주의 화이트빌 근처 농장에서 태어났다. 가정 형편상 정규 교육을 제대로 받지 못하고, 어린 시절부터 돈을 벌어야 했다. 10대 소년 시절이었을 때, 허리 아래로 몸이 마비되는 질병이 찾아오는 바람에 길모퉁이에 앉아 깡통과 연필 꾸러미를 들고 구걸하는 신세가 될 수밖에 없었다.

다행히 화이트빌에서 소규모 펀드를 운영하던 한 사업가가 콜리어를 시계 수리 전문학교에 보내주었다. 그 후 그는 작은 소매점 뒤편, 임대료를 낼 필요가 없는 공간에 작업대를 차려놓고 시계 수리공으로서 일에 몰두하기 시작했다. 불구의 몸이기는 했지만 그는 절대 자신감과 명랑한 기질을 잃지 않았고, 그런 성격 탓에 곧 많은 친구와 일거리를 불러 모을 수 있었다.

콜리어는 《놓치고 싶지 않은 나의 꿈 나의 인생 1》을 읽고 너무나 깊은 감명을 받아서 책에 안내되어 있는 앤드류 카네기의 성공법칙을 진지하게 자기 일에 적용하기 시작했다.

그가 처음 시도한 일은 명확한 주요 목표를 글로 쓰는 것이었다. 그는 그것을 기억에 새기기 위해 날마다 여러 번 반복하여 소리 내어 읽었다. 화이트빌에서 가장 훌륭한 보석점을 소유하고, 도시에서 가장 아름다운 여인과 결혼하여 아이들을 낳고 행복한 가정을 일구겠다는 게 목표의 내용이었다.

아무런 자본도 없이 무無에서 출발한데다, 다리까지 쓰지 못하는 남자에게는 허황된 꿈일는지도 모른다. 그러나 그는 해내고야 말았다. 명확한 목표라고 적어두었던 모든 꿈을 이룬 것이다. 게다가 한창 젊은 나이에 목표한 성공을 거두었기 때문에 오랫동안 자기가 얻은 축복을 즐기며 살 수 있었다.

그는 자기 손으로 특별히 개조한 휠체어를 타고 어느 누구의 도움도 없이 이곳저곳을 돌아다닌다. 그리고 그의 보석점은 믿을 만한 직원들과 책 판매를 맡고 있는 부인이 운영하고 있다. 당신이 그의 가게를 방문한다면 안으로 들어서자마자 열렬히 맞이하는, 불구가 절대 핸디캡이 될 수 없었던 한 남자를 눈앞에서 볼 수 있을 것이다.

로이드 콜리어는 자기보다 좋은 신체 조건을 가진 사람들이 쉽게 따라 할 수 있는 습관을 만들어 지키고 있다. 그는 매일 자기가 누린 축복에 대해 감사의 기도를 드리고, 동료들에게 동정하지 말아달라고 부탁한다. 그 대신 자기보다 훨씬 불행한 사람들에게 자신의 복을 나누어주는 기회를 찾아다닌다. 오직 그들에게 나누어줌으로써 자신의 복이 풍부해지고 늘어난다고 믿었기 때문이다.

로이드 콜리어를 통해서 우리는 깡통과 연필 꾸러미를 들고 길모퉁이에 앉은 사람과 자수성가해서 편안하게 살고 있는 사람 사이의 큰 차이점을 찾아볼 수 있다. 그것은 바로 마음가짐이다. 콜리어는 긍정적인 정신자세를 발견했고, 그것을 통해 원하던 모든 것을 찾을 수 있었다.

따라서 자신에 대해 불만스러운 생각이 들거나 부정적인 생각으로 우울해진다면, 노스캐롤라이나 주의 화이트빌로 떠나서 로이드 콜리어를 몇 시간만 만나보라. 자신에 대한 모든 시각을 버리고, 긍정적인 정신자세를 안고 돌아올 수 있을 것이다.

현명한 사람들은 관대하게 자기 재산의 대부분을 나누어준다. 또 자기들의 자신감을 아낌없이 나누어주며, 괜히 주는 게 아닐까 하는 공연한 신경을 쓰지도 않는다. 또한 자신의 목표와 계획을 말로 표현하기보다는 행동으로써 실천에 옮긴다.

현명한 사람들은 많이 듣고 조심스럽게 말한다. 남의 말을 들으면 귀중한 것을 배우지만, 반대로 본인이 말하면 아무것도 배우지 못한다는 것을 잘 알고 있기 때문이다. 말을 해야 할 때가 있고, 반대로 조용히 있어야 할 때가 있다. 이때 현명한 사람은 입을 열어야 할지 닫아야 할지를 알며, 자신이 없을 때는 조용히 침묵을 지키는 게 낫다는 것도 안다.

그러나 대화를 통한 생각의 교환은 인생의 명확한 목표를 향해 계획과 실행을 도모하는 데 좋은 지식을 얻을 수 있는 중요 수단이다. 여럿이 둘러앉아 토론을 벌이는 것이 거대한 성공을 이룬 사람들의 두드러진 특징이기 때문이다. 하지만 이러한 토론은 사람과 사람 사이에 마음을 터놓고 나누는 한가한 대화와는 너무나 다른 것이다.

이제 나는 당신이 주는 만큼 또는 그 이상으로 얻으리라는 것을 확신하면서, 다른 사람과 생각을 교환하는 안전한 방법을 알려줄 것이다. 즉, 당신이 성공을 향한 여행길에서 샛길을 빠져나와 고속도로로 진입할 수 있는 중요한 교차점을 알려줄 것이다. 그 도로에는 당신이 그냥 지나치지 않도록 확실한 표시가 되어 있을 것이다. 내가 말하는 교차점이란 성공을 열망하는 사람들이 옛 친구들에게서 떨어져 나와 부를 향한 여행길에서 기꺼이 도움의 손길을 내미는 사람들과 합류하는 지점을 의미한다.

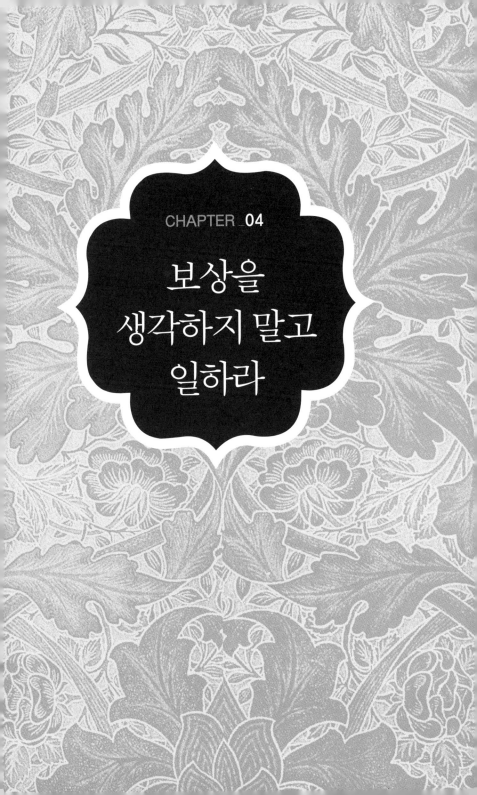

CHAPTER _04

보상을
생각하지 말고
일하라

보상을 생각하지 않고 일하는 습관은 분명히 그에 상응하는 보수를 받게 해준다.
왜냐하면 어떤 사람이 그런 습관을 실천할 때마다 봉사를 받은
대상으로 하여금 다시 갚아주어야 할 의무를 안겨주기 때문이다.

보상을
생각하지 말고
일 하 라

어떤 직업이든 성공하기 위해 가장 중요한 원칙은 기꺼이 무보수로 일하겠다는 정신이다. 즉, 마땅한 보수를 받기보다는 긍정적인 정신자세로 더 많고 더 나은 서비스를 행하는 것을 의미한다.

이 원칙에 위배되는, 논리적으로 완전무결한 증거를 아무리 찾으려 해도 당신은 찾아내지 못할 것이다. 그 원칙을 적용한 결과 작은 부분이라도 달성되지 못한 예가 있을까 찾아보아도 역시 찾을 수 없을 것이다. 이 원칙은 사람이 창조한 것이 아니다. 인간보다 열등한 모든 생물도 살아남기 위해 이 원칙을 적용할 수밖에 없기 때문에 그것은 자연의 순리에 속한다.

대지에서 생산되는 농산물에 이 원칙이 어떻게 적용되는지 한번 살펴보자.

농부는 땅을 개간하고 적당한 시기에 씨앗을 심는 등 무보수로 일을 하는데, 그런 수고의 대가로 미리 수확을 얻지는 못한다. 그러나 자연법칙에 맞춰 노동을 한다면, 자연은 농부의 손이 미치지 않는 부분을 떠맡아 그가 심어놓은 씨앗에 싹을 틔우고 곡물로 여물게 만든다.

이 중요한 사실에 주의를 기울여보라. 농부가 땅에 심은 각각의 밀과 옥수수 낱알에 자연은 수십 개의 낱알로 보답한다. 즉, 자연은 '보상 증가의 법칙'으로 농부에게 이득을 가져다주는 것이다.

자연은 아무런 보수를 받지 않고, 필요한 모든 것을 쓰고 남도록 충분히 생산해낸다. 나무의 열매, 열매를 맺게 하는 꽃, 연못 속의 개구리, 바다 속의 물고기 등 모든 것이 그러하다. 또한 모든 생물이 갖은 재난 속에서도 종種을 유지하도록 충분히 생산해낸다. 만약 그렇게 하지 않는다면 모든 생물은 이내 사라져버릴 것이다.

어떤 사람들은 정글의 야수와 공중의 새가 아무런 노력 없이도 살 수 있다고 믿지만, 생각 있는 사람들은 그게 사실이 아님을 잘 알고 있다. 자연은 모든 생명체가 양분을 얻을 수 있는 원천을 제공하지만, 그러한 양분을 받아먹기 이전에 노동을 해야 하는 것이 진리다. 그 진리를 무시하고 뭔가를 거저 얻으려고 하는 사람에게 자연이 어떤 응답을 내리는지 주위에서 얼마든지 찾아볼 수 있을 것이다.

무보수로 일하는 자세에서 얻을 수 있는 이득은 명백하면서도 합리적인 것이다. 그중에서 몇 가지 예를 찾아서 확인해보자.

무보수로 일하는 자세가 습관으로 굳어지면, 승진의 기회를 제공하는 사람들에게 주목을 받게 된다. 무슨 직업에 종사하든지 정신적으로 성장하고, 육체적인 능력도 증가하여 그 결과로 수익도 더욱 늘어난다. 아무리 취업률이 낮은 때라도 직장을 잃지 않는 것은 물론이고, 가장 좋은 일터를 차지할 수 있다.

많은 사람이 이러한 습관을 실천하지 않기 때문에 비교의 원리에 따라 유리한 위치를 점할 수 있게 된다. 또한 영구적인 성공에 필수적인 긍정적이고도 즐거운 마음가짐이 발달하게 된다. 그런 습관은 끊임없이 새롭고 더 나은 서비스 방법을 찾아보도록 자극하기 때문에 방심을 하지 않게 하며, 예리한 상상력을 발달시킨다.

그리고 독창성이라는 중요한 자질과 독립심, 용기를 발달시킨다. 성실성 때문에 남들의 신뢰를 얻게 되고, 우유부단한 나쁜 습관을 정복하게 해준다. 목적 없이 살아가는 자세에서 벗어나 명확한 목표를 갖게 해준다.

베풀수록 얻는다

보상을 생각하지 않고 일하는 습관을 가져야 할 더 큰 이유는 그래야만 더 많은 보수를 요구할 수 있는 논리적인 근거를 만들 수 있기 때문이다.

어떤 사람이 현재 받는 보수 이상으로 일을 하지 않는다면, 그는 분명히 정해진 그 보수만을 받게 될 것이다. 하지만 그는 일자리를 유지하기 위해서, 또는 수입의 원천을 유지하기 위해서 받는 보수만큼 서비스를 행해야 한다.

그러나 남들에게 선의의 신뢰를 쌓는 수단으로서, 그리고 더 나은 지위와 보수를 요구하기 위해서 그 이상의 서비스를 행할 특권이 있다. 특히 더 많은 봉급을 받는 지위로 승진하기 위해서는 이러한 원칙을 적용함으로써 기회를 잡을 수 있다. 요즘 기업에서는 직원들에게 이런 원칙을 적용하여 적절한 인센티브를 제공하는 곳이 많다.

어쨌든 보상을 생각하지 않고 일하는 자세를 갖고 있지 않은 습관이나 철학은 불건전하고 당연히 실패하게 되어 있다. 왜냐하면 이 원칙을 통해서 사람들은 비범한 능력, 경험, 그리고 교육에 대한 보상으로 얻을 수 있는 중요한 발판을 확보할 수 있기 때문이다. 또한 무슨 직업을 가졌든 자기 존재의 가치를 부각시킬 수 있다.

물론 미국 같은 선진국에서는 보상을 생각하지 않고 일하는 자세를 실천하지 않아도 누구든지 생계를 유지할 수 있다. 그리고 많은 사람이 그렇게 살아가고 있다. 그러나 경제적인 안정과 세계의 많은 위인이 누렸던 영광은 그런 습관을 중요한 인생철학으로 삼아 매일 실천하는 사람에게만 적용된다.

상식 있는 사람이라면 이 원칙이 사실이라는 것을 알 수 있다. 거대한 성공을 이룬 사람들을 대충 분석해보아도 이것이 사실임을 확인할 수 있을 것이다.

앤드류 카네기가 성공한 기업가를 수없이 양성했다는 것은 잘 알려진 사실이다. 그들 중 대부분은 평범한 일용직 근로자에서 출세했고, 그들 중 많은 사람이 카네기의 도움이 없었다면 불가능했을 어마어마한 재산을 모았다.

카네기가 승진을 열망하는 근로자들에게 적용하는 첫 번째 테스트는 얼마나 기꺼이 무보수로 일할 수 있는지를 조사하는 것이었다.

찰스 슈왑을 발굴해낸 것도 이 테스트를 통해서였다. 슈왑이 처음 카네기의 주목을 끌었을 때, 그는 한 철강 제조공장에서 일용직 노동자로 일하고 있었다. 유심히 관찰한 결과 슈왑이 언제나 자기 보수 이상으로, 더 많고 더 나은 서비스를 행하고 있다는 것을 알았다. 게다가 그는 즐거운 마음으로 일하고 있었고, 동료들 사이에서도 인기가 많았다.

그는 승진을 거듭해서 훗날 7만 5,000달러의 연봉을 받는, 거대한 U. S. 철강회사의 사장이 될 수 있었다. 날품팔이 노동자 찰스 슈왑이 보상을 생각하지 않고 일하는 습관을 적극적으로 기르지 않았다면, 아무리 용을 써도 평생 7만 5,000달러만큼은 벌지 못했을 것이다.

카네기는 일반적으로 보기에도 충분한 봉급을 슈왑에게 지불한 것뿐만 아니라, 정규 봉급 외에 100만 달러의 보너스를 때때로 지급했다. 왜 슈왑에게 봉급보다 많은 보너스를 지급했느냐는 질문을 받으면, 카네기는 직업이나 봉급에 관계없이 모든 사람이 깊이 새길 만한 대답을 했다.

"나는 슈왑이 실제 일한 대가로 봉급을 준 것이고, 기꺼이 무보수로 일한 대가로 보너스를 지급한 겁니다. 그럼으로써 다른 직원들에게도 좋은 본보기가 되겠지요."

바로 그것이다. 7만 5,000달러의 봉급이 일용직에서 시작한 한 남자에게 지급되었고, 그 보수 이상으로 일하는 적극성 때문에 봉급의 10배보다 많은 보너스가 지급된 것이다.

보상을 생각하지 않고 일하는 습관은 분명히 그에 상응하는 보수를 받게 해준다. 왜냐하면 어떤 사람이 그런 습관을 실천할 때마다 봉사를 받은 대상으로 하여금 다시 갚아주어야 할 의무를 안겨주기 때문이다. 어느 누구도 보상을 생각하지 말고 일하라고 강요받거나, 받는 보수보다 더 많이 서비스를 행하도록 부탁받지도 않는다. 그러므로 그런 습관은 자발적으로 적용해서 길러야 한다.

보상은 여러 가지 다양한 형태로 이루어진다. 보수가 증가하는 것은 물론이고, 승진도 당연한 결과다. 호의적인 작업 환경과 즐거운 인간관계도 역시 그러하다. 그리고 이러한 결과를 토대로 경제적인 안정을 자기 손으로 일구어낼 수 있게 된다.

보상을 생각하지 않고 일하는 습관을 따르는 사람이 얻을 수 있는 이득은 이 외에도 얼마든지 많다. 일단 양심을 존중하고 순응하게 만듦으로써 영혼의 자극제 역할을 수행한다. 그리하여 다른 습관을 통해 이룰 수 없는 건전한 성격이 자리 잡게 해준다.

어린 자녀에게도 이 원리를 활용할 수 있다. 더 많고 더 나은 서비스를 행함으로써 이익을 얻을 수 있다는 것을 가르쳐주면, 아이들이 평생 지속할 건전한 성품을 키워줄 수 있을 것이다.

앤드류 카네기의 철학은 경제철학이라고도 할 수 있다. 아니, 오히려 경제철학 그 이상이다. 또 인간관계에 필요한 윤리철학이기도 하다. 서로의 조화와 이해, 약자와 불우한 사람에 대한 동정심을 갖게 해준다. 이웃의 든든한 후원자가 되도록 가르치며, 그렇게 함으로써 보상을 얻게 해준다.

보상을 생각하지 않고 일하는 습관은 성공철학의 열일곱 가지 원칙 중에서 하나일 뿐이지만, 인생의 열두 가지 재산과 밀접한 관련이 있다.

먼저 이 습관은 열두 가지 재산 중에서 가장 중요한 '긍정적인 정신자세'의 발달에 필수적이다. 자기감정을 조절할 줄 알고, 타인에 대한 봉사를 통해 자기를 표현할 줄 아는 사람은 이미 긍정적인 정신자세가 갖추어졌다고 볼 수 있다. 긍정적인 정신자세를 가지면, 인생의 열두 가지 재산 중에서 나머지 재산들은 밤이 지나면 아침이 오는 것처럼 자연스럽게 따라오게 되어 있다.

이런 점을 명심한다면, 보상을 생각하지 않고 일하는 습관이 단순히 물질적인 재산 이상의 이득을 가져다주는 이유를 이해하게 될 것이다. 또한 이 원칙이 성공철학의 열일곱 가지 원칙 중에서 제일 첫 번째에 위치한 이유도 이해하게 될 것이다.

놓치기에는 너무 아까운 사람이 되자

받는 보수 이상으로 더 많고 더 나은 서비스를 하라는 것은 적절한 보상을 받지 않고도 그런 일을 하는 게 불가능하기 때문에 모순처럼 들릴 수도 있다. 그러나 보상은 여러 가지 형식과 다양한 원인으로 제공되며, 어떤 것은 괴이하고 전혀 예기치 못한 이유로 제공될 수 있다.

물론 이런 타입의 서비스를 행하는 사람은 그 서비스를 베풀어준 사람에게서 늘 적절한 보상을 받지는 않을 것이다. 그러나 이러한 습관은 그에게 성장할 수 있는 많은 기회를 끌어다주는데, 그중에는 더 좋은 새로운 고용 기회들도 있다. 그러므로 그의 보수는 간접적으로 이루어진 것이 된다.

랄프 왈도 에머슨은 이러한 사실을 《보상*Compensation*》이라는 책에서 다음과 같이 의미심장하게 표현했다.

당신이 불쾌한 주인을 섬기고 있다면, 그에게 더욱 많이 봉사하라. 신이 당신에게 빚을 지게 만들라. 모든 노력에 보상이 있을 것이다. 보상이 늦으면 늦을수록 당신에게는 더 크게 이루어질 것이다. 복리複利에 복리를 더하는 것이 신이 베푸는 관례이고 법칙이기 때문이다.

다시 한 번 모순처럼 들리겠지만, 사람이 노력을 기울일 가장 좋은 시기는 직접적이든 간접적이든 금전적 보상을 얻지 못할 때라는 것을 명심해야 한다.

샐러리맨에게 적용되는 두 가지 보상법이 있다. 하나는 돈으로 받는 임금이다. 또 다른 하나는 경험을 통해서 얻는 능력이다. 이 능력과 경험은 더 많은 급료와 더 나은 지위로 승진하는 데 가장 중요한 자원이기 때문에 금전적인 보수 이상의 의미가 있다.

보상을 생각하지 않고 일하는 습관을 지키는 사람이 가져야 할 마음가짐은 더 나은 지위와 봉급을 위해 자신을 단련시킨 대가를 받을 것이라고 인정하는 것이다. 이것은 아무리 욕심 많고 탐욕스러운 고용주일지라도 근로자에게서 절대 빼앗아갈 수 없는 재산이다. 에머슨이 표현한 대로 '복리에 복리를 더한 이자'인 것이다.

찰스 슈왑이 저임금의 일용직 노동자로 시작해 고용주가 제공한 가장 높은 지위에 오르기까지 차근차근 승진할 수 있었던 것도 바로 그 재산 때문이었다. 또한 슈왑이 자기 봉급의 열 배보다 많은 보너스를 받을 수 있게 한 바로 그 재산이다.

슈왑이 받은 100만 달러의 보너스는 그가 최선의 노력을 기울인 모든 일에 대한 보상이었다. 따라서 전적으로 그가 해낸 일임을 명심하자. 즉, 보상을 생각하지 않고 일하는 습관을 따르지 않았다면 일어날 수 없었던 성과였던 것이다.

그러므로 앤드류 카네기는 그 성과와는 아무런 관련이 없다. 완전히 카네기의 손에서 벗어난 일이다. 슈왑은 고용주가 약속한 적이 없는 특별 보수를 주었다는 것을 잘 알았을 테고, 카네기는 그렇기 때문에 막대한 보너스를 지불했다. 즉, 카네기는 귀중한 사람을 잃는 것보다는 보너스를 지급하는 게 백 배 낫다고 판단한 것이다.

보상을 생각하지 않고 일하는 습관을 따르는 사람은 그렇게 함으로써 자기 서비스를 받은 당사자에게 정확한 보상을 위해 두 가지 의무를 지운다는 점을 주목하자. 첫 번째 의무는 일에 대한 당연한 보수로서 지급해야 하는 보상이다. 또 다른 의무는 귀중한 인재를 놓칠지 모른다는 두려움에 근거한 보상이다.

그러므로 보상을 생각하지 않는 원칙을 어떤 시각으로 보든지 간에 그런 습관을 따르는 사람들은 모두 '복리에 복리를 쳐서' 보상을 받는다는 동일한 결론을 내릴 수밖에 없다.

또한 다음과 같이 말한 사람이 얼마나 위대한 기업가인지를 알 수 있을 것이다.

"개인적으로 나는 한 주에 40시간을 일해야 한다는 최소 노동시간에는 별 관심이 없습니다. 어떻게 하면 하루에 40시간을 밀어 넣을 수 있을지를 궁리하고 있기 때문입니다."

그는 인생의 열두 가지 재산을 풍부하게 소유했으며, 처음 시작은 미미했지만 단계마다 보상을 생각하지 않고 일하는 습관을 적용시킴으로써 큰 재산을 모을 수 있었다고 솔직하게 털어 놓았다. 그리고 이렇게 덧붙였다.

"성공철학의 17가지 원칙 중에서 단 한 가지 원칙에 의지해 성공을 걸고 모험을 할 수밖에 없는 상황이라면, 나는 무보수로 일하는 원칙에 따라 주저 없이 뛰어들었을 겁니다."

그러나 다행히 그는 이런 선택을 할 필요가 없었다. 성공철학의 열일곱 가지 원칙은 사슬처럼 서로 연결되어 있기 때문에 필요할 때마다 강력한 힘을 발휘하게 되어 있다. 이 원칙들 중에서 하나라도 빠지면 그 힘은 약화되고 만다. 고리가 하나만 빠져도 사슬이 끊어져버리는 것과 같은 이치다.

열일곱 가지 원칙의 힘은 원칙 그 자체에 있는 것이 아니라 그것을 응용해서 사용하는 데 있다. 일단 원칙들이 적용되면 마음속의 '화학작용'을 부정에서 긍정 쪽으로 변화시킨다. 이렇게 해서 자리 잡힌 긍정적인 정신자세는 인생의 열두 가지 재산을 획득하게 함으로써 당신에게 성공을 안겨다줄 것이다.

성공철학의 열일곱 가지 원칙은 알파벳 26자에 비유될 수 있다. 알파벳의 각 글자는 거의 아무런 의미도 담고 있지 않지만, 일단 단어로 조합되면 사람이 전달하고자 하는 어떤 생각을 표현할 수 있게 된다.

이렇듯 열일곱 가지 원칙은 성공철학의 '알파벳'이다. 그것을 통하여 사람의 모든 능력이 가장 수준 높고 유익한 형식으로 표현될 수 있는 것이다. 그러므로 열일곱 가지 원칙은 '부'의 문을 열어주는 마스터키'를 받을 수 있는 수단이 된다.

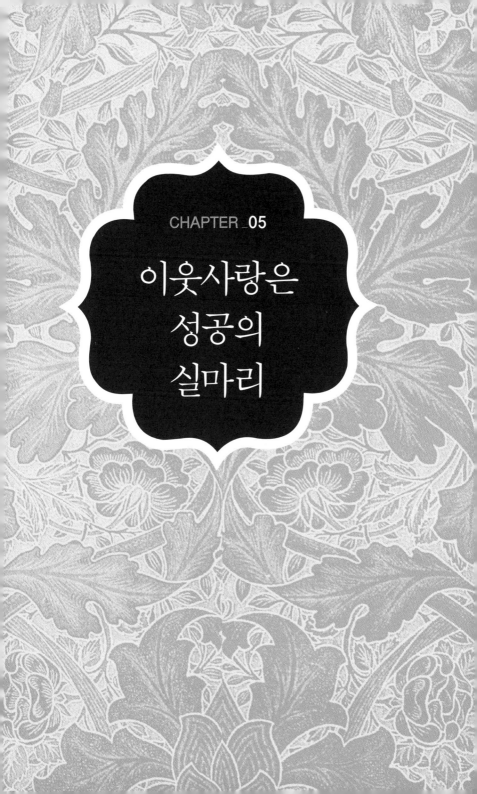

CHAPTER _05

이웃사랑은
성공의
실마리

영리하고 현명한 사람들은 금전적인 목표를 달성하기 위해
무보수로 일하는 원칙을 적용함으로써 부자가 될 수 있었다.
그러나 진실로 현명한 사람들은 이런 원칙을 통해 얻을 수 있는
가장 큰 보상은 평생 동안 지속되는 우정, 조화로운 인간관계, 자선 활동, 이해심,
베푸는 마음 등 인생의 열두 가지 재산과 관련되어 있다는 사실을 알고 있을 것이다.

이웃사랑은 성공의 실마리

사랑은 사람이 할 수 있는 가장 위대한 경험이다. 그것을 통하여 사람은 우주의 무한한 지혜와 소통할 수 있다. 사랑에 섹스와 로맨스의 정서가 한데 섞이면, 창조적인 비전을 통해 인생의 성공 중에서도 최고 정점에 도달할 수 있다.

사랑, 섹스, 그리고 로맨스의 정서는 천재를 구성하는 영원한 삼박자라고 할 수 있다. 자연은 그 외에 다른 어떤 수단을 통해서도 천재들을 만들어내지 않는다.

사랑이란 사람의 영적인 본질이 밖으로 표현된 것이다. 섹스는 순전히 생물학적인 것이지만 땅을 기어 다니는 하등동물에서부터 피조물 가운데 가장 고등한 존재인 인간에 이르기까지 모든 창조적인 행위의 원동력을 제공한다.

사랑과 섹스에 로맨스가 부합되면 세상은 큰 경사를 맞는다. 왜냐하면 이러한 요소들이야말로 위대한 지도자, 즉 심오한 사상가들이 지니는 잠재력이기 때문이다.

또한 사랑은 모든 인류를 하나로 묶어준다. 사랑은 이기심 · 탐욕 · 질투 · 시기심을 없애주며, 제아무리 위대한 왕이라도 평범한 인간으로 돌아가게 만든다. 뿐만 아니라 사랑이 없는 곳에서 진정한 위대함은 결코 발견되지 않는다.

그러나 내가 이야기하는 사랑을 섹스의 감정과 혼동해서는 안 된다. 왜냐하면 사랑 그 자체가 가장 지고하고 순결한 표현이기 때문이다. 따라서 사랑은 섹스, 로맨스와 함께 조화를 이루어 영원한 삼박자를 형성하지만 세 요소 중의 어느 것보다도 크다. 내가 말하는 사랑이란 '생명의 약동', 즉 인류를 진보와 문화의 단계로 끌어올린 모든 창조적인 노력과 행위의 원동력이다.

사랑은 인간과 그보다 열등한 지구의 모든 생물을 구분 짓는 요소다. 또한 한 사람이 주변 사람의 마음속에 차지하는 공간의 정도를 결정하는 요소이기도 하다. 사랑은 인생의 열두 가지 재산 중에서 첫 번째, 즉 '긍정적인 정신자세'를 확립할 수 있는 든든한 토대이므로 어느 누구도 사랑 없이는 진정한 부자가 될 수 없다는 것을 명심하도록 하자.

사랑은 나머지 열한 가지 재산을 구성하는 씨실과 날실이다. 그것은 모든 재산의 가치를 더욱 빛나게 하며, 그 재산을 오래도록 간직할 수 있게 한다. 물질적인 재산은 얻었지만 사랑이 없는 사람들을 대충 살펴보아도 알 수 있는 사실이다. 사랑은 타인의 이익을 이

타적인 봉사를 통해 가장 위대하게 표현되기 때문에 보상을 생각하지 않고 일하는 습관은 진정한 사랑의 정신을 획득하도록 안내해 준다.

이와 같이 사랑에 대한 나의 생각을 에머슨은 다음과 같이 바꿔 표현했다.

낯선 이를 위해 시간, 돈, 보금자리를 내어주는 - 겉치레가 아닌 사랑으로 - 사람들은 신으로 하여금 자신에게 빚을 지게 하는 것과 같다. 그런 일을 하느라고 소비해버린 시간은 어떤 식으로든 벌충이 되며 그들이 행한 수고도 보상이 된다. 그런 행동을 하는 사람들은 인간의 사랑을 더욱 불타오르게 하며 미덕의 수준을 한 단계 끌어올린다.

모든 위대한 인물은 사랑이야말로 상처받은 사람들의 아픈 곳을 치료하고, 그들을 든든하게 지켜주는 불로불사의 영약이라고 믿는다. 그래서 미국의 위대한 인물 중 한 사람이 사랑에 대해서 다음과 같이 금과옥조 같은 명언들을 남겼다.

- 사랑은 인생이라는 먹구름 속에서 피어오른 단 하나의 무지개다.
- 사랑은 아침이며 밤에 뜬 별이다.
- 사랑은 아기의 얼굴을 빛나게 하며, 적막한 무덤에도 광채를 던진다.
- 사랑은 예술의 어머니로서 시에 영감을 불어넣으며, 애국자요

철학자다.

- 사랑은 모든 가슴을 채우는 공기와 빛이며, 모든 가정의 건설자이며, 모든 난로에 불을 지피는 불쏘시개다.
- 사랑은 세상을 멜로디로 가득 채운다. 음악은 사랑의 음성이기 때문이다.
- 사랑은 아무리 보잘것없는 것도 기쁨으로 바꾸고, 왕과 여왕이라도 평범한 인간으로 돌아가게 만드는 마술사다.
- 사랑은 불가사의한 꽃, 가슴의 향기이며, 그 신성한 열정이 없으면 우리는 짐승만도 못하지만 그것이 있으므로 세상은 천국이요 우리는 신이 된다.
- 사랑은 계시이고 창조다. 세상은 사랑에게서 아름다움을 빌려왔고, 천국은 그 영광을 빌려왔다. 정의, 자비, 동정심은 사랑의 자식들이다. 사랑이 없으면 모든 영광은 사라지고, 예술은 죽고, 음악은 의미를 잃어 단순한 공기의 떨림에 불과하며, 미덕은 죽어버릴 것이다.

이처럼 진실로 위대한 사람은 모든 인류를 사랑한다. 그런 사람은 인간의 선한 면과 악한 면을 모두 사랑한다. 선한 면은 자랑스럽게 사랑하고, 악한 면은 동정과 안타까운 심정으로 사랑한다. 사람의 선한 면과 악한 면은 그들도 어쩌지 못하는 무지 때문에 생기는 결과일 뿐임을 잘 알기 때문이다.

또 정말로 위대한 사람은 동정심 있고 관대하며 자비롭다. 다른 사람에 대해 어쩔 수 없이 판단을 내려야 할 때면, 늘 약자와 극빈자의 편에 서서 부드러운 자비심으로 정의의 잣대를 맞춘다. 그리하여 진정한 인간애의 표현으로, 무보수로 봉사할 뿐만 아니라 적극적이고도 자비롭게 행한다. 그런 봉사 행동이 부족하다 싶으면 한 번 더 하고, 또 한 번, 그렇게 필요할 때마다 계속 더해나간다.

보상을 생각하지 않고
성공을 거둔 사람들

아무런 동기 없이 자발적으로 일하는 사람은 없다. 따라서 보상을 생각하지 않고 일하는 습관을 실천에 옮긴 사람을 몇 명 찾아봄으로써, 그런 습관을 정당화할 건전한 동기가 무엇인지 밝혀보기로 하자.

한 노부인이 피츠버그 백화점을 한가하게 돌아다니며 시간을 보내고 있었다. 여기저기 매장을 돌아다녔지만 아무도 그녀에게 관심을 주지 않았다. 점원들은 그 부인이 물건을 구입할 생각은 전혀 없는, 그저 한가한 '구경꾼'이라고 여겼다. 그래서 그녀가 자기 매장에 들어와도 다른 데만 쳐다보았다.

이런 무시를 받은 노부인을 통해 얼마만 한 거액의 비즈니스가 이루어지는지 한번 보자.

마침내 그 부인이 한 매장에 들어서자, 젊은 점원이 공손하게 인사하며 필요한 게 있는지 물어왔다.

"아뇨, 비가 그칠 때까지 그냥 시간을 보내는 거예요."

부인이 대답했다.

"알겠습니다, 부인. 그럼 제가 의자를 하나 내어드릴까요?"

젊은 점원이 미소 지으며 말했다. 그러고는 대답을 기다리지도 않고 얼른 의자를 내왔다.

얼마 후, 비가 그치자 점원은 노부인을 부축하여 거리로 안내한 다음 잘 가시라고 인사까지 했다. 부인은 백화점을 떠나면서 그녀에게 명함을 달라고 했다.

몇 달 후, 백화점 사장은 어느 고객으로부터 새집 단장을 위해 그 젊은 직원이 꼭 필요하니, 그녀를 스코틀랜드로 보내달라는 편지를 받았다. 백화점 사장은 유감스럽게도 그녀는 인테리어 파트에서 일하지 않는다는 편지를 써 보냈다. 물론 그 분야의 '전문가'를 보내달라면 감사하겠다는 말도 잊지 않았다.

며칠 후 답장이 왔는데, 그 젊은 직원 외에는 어느 누구도 원치 않는다는 내용이었다. 편지는 앤드류 카네기가 사인한 것이었고, 그가 인테리어를 해달라고 부탁한 집은 스코틀랜드에 있는 스키보 성城이었다.

마침내 젊은 직원은 스코틀랜드로 파견되었다. 그녀는 집 안의 인테리어를 위해 수십만 달러어치의 가구들을 주문받았으며, 그와 더불어 백화점의 동업자 자격을 얻게 되었다. 그리고 훗날 그녀는 백화점 이익의 반을 차지하는 오너가 되었다.

이처럼 무보수로 일하면 반드시 보답을 받게 된다.

〈골든 룰 매거진The Golden Rule Magazine〉의 편집장이 아이오와 주 대 븐포트에 있는 파머대학에서 강연을 해달라는 초청을 받았다. 그는 평균적인 강연료인 100달러에 여행 경비를 받고 그 초청을 받아들 였다.

편집장은 대학에 머무는 동안 우연히 잡지에 필요한 기삿거리를 몇 가지 얻을 수 있었다. 강연을 마친 그는 시카고로 돌아갈 준비를 서둘렀다. 그때 모든 경비를 수표로 계산해주겠다는 연락이 왔다. 그는 잡지에 실을 기삿거리를 찾은 것으로 이미 보수를 받은 것이라 면서 강연이나 경비에 관한 어떤 보수도 받지 않겠다고 했다. 그는 여행의 성과에 만족하면서 기차를 타고 시카고로 돌아갔다.

그런데 다음 주가 되자 대븐포트에서 잡지 정기구독 신청이 쏟아 졌다. 주말쯤에는 6,000달러의 현금 구독료를 거둘 수 있었다.

그러던 어느 날 파머대학에서 편지 한 통이 날아왔다. 대븐포트 에서의 구독 신청은 편집장이 강연료를 받지 않고 돌아갔다는 사실 을 전해들은 학생들이 자발적으로 한 것이라는 내용이었다.

그 후 2년 동안 파머대학의 재학생과 졸업생들은 〈골든 룰 매거 진〉 구독료로 5만 달러 이상을 보내왔다. 게다가 그 이야기가 너무 나 감동적이어서 잡지에 실렸고, 그것은 전 세계로 퍼져나갔으며, 여러 나라들로부터 구독 신청까지 받게 되었다. 100달러짜리 공짜 서비스를 함으로써 편집장은 보상 증가의 법칙을 발효시켰고, 그것 은 그가 투자한 액수의 500배 이상을 돌려주었다.

이렇듯 보상을 생각하지 않고 일하는 습관을 가지면 반드시 보상 을 받는다. 그것도 후하게 보상을 받는다. 또한 보상을 생각하지 않고 일하는 습관은 결코 보상을 잊는 법이 없다. 다른 투자방식에서처럼 보상을 생각하지 않고 일하는 습관은 한 사람의 평생을 두고 이익금을 배당하기도 한다.

이번에는 무보수로 일할 기회를 무시했을 때 무슨 일이 일어났는지를 한번 알아보자.

어느 비오는 날 늦은 오후, 값비싼 자동차들이 진열된 뉴욕의 어느 전시장에 한 자동차 세일즈맨이 자기 자리에 앉아 신문을 보고 있었다. 그때 한 남자가 유쾌하게 지팡이를 흔들며 들어왔다. 세일즈맨은 신문을 읽다가 방금 들어온 사람을 흘끗 쳐다보고는 쓸데없이 시간만 낭비하는 '구경꾼'일 거라고 판단했다. 그러고는 자리에서 일어나기는커녕 신문으로 다시 눈길을 돌렸다.

지팡이를 든 남자는 혼자 전시장을 이리저리 돌아다니며 차를 하나하나 구경했다. 이윽고 그는 세일즈맨이 앉아 있는 곳으로 다가와서는 세 가지 차의 가격에 대해 물었다. 세일즈맨은 여전히 신문에 고개를 처박고 대충 값을 말해주었다.

지팡이를 든 남자는 세 가지 자동차 주변을 돌아다니며 다시 한 번 살펴보더니 세일즈맨에게 돌아와서 말했다.

"세 가지 중에 어떤 걸로 할지 모르겠군요. 세 대 다 사는 게 좋을까요?"

자리에 앉아 있던 세일즈맨은 순간 능청스런 미소를 흘리며, 이내 친한 척을 하며 말했다.

"그것 참 잘 생각하셨습니다!"

그러자 지팡이를 든 남자가 말했다.

"아, 한 대만 사는 게 나을 것 같군요. 노란 바퀴가 달린 차를 내일 집으로 보내줘요. 그런데 값이 얼마라고 했지요?"

그는 수표책을 꺼내 서명한 후 세일즈맨에게 건네주었다. 순간 세일즈맨의 얼굴이 붉으락푸르락해지며 참으로 기묘한 표정이 되었다. 수표에 서명한 사람의 이름은 다름 아닌 해리 페인 휘트니Harry Payne Whitney였기 때문이다.

세일즈맨이 처음부터 자리에서 냉큼 일어났더라면, 큰 힘들이지 않고도 차를 세 대나 팔았을 기회였을 것이다. 이처럼 좋은 서비스를 제공할 수 있었는데, 잠시 게으름을 피운 사이 거액의 비즈니스 기회가 날아가 버린 것이다. 후회해도 소용없는 일이다.

따라서 무관심하고 게을러서 그런 서비스를 실천하지 못하는 사람에게는 자발적으로 인생을 살 권리가 있다고 아무리 설교해 봐도 소용이 없다. 그리고 많은 사람이 부자가 되지 못하는 이유를 깨닫지 못하고 평생 그런 부류로 살아간다.

철물점에서 일하던 한 청년이 오래되고 팔리지 않은 잡동사니들이 가게에 쌓여 있다는 걸 깨달았다. 한동안 뭔가를 만지작거리던 청년은 가게 한가운데에 특이한 테이블을 조립해 가져다 놓았다. 그런 다음 그 위에다 팔리지 않은 물건들을 올려놓고 최저가의 바겐세일을 시작했다. 그러자 그 물건들은 삽시간에 팔렸고, 청년과 가게 주인은 깜짝 놀랐다.

이 일을 계기로 '울워스 5~10센트짜리 염가 연쇄점'이 탄생하게 되었다. 우연히 무보수로 일할 아이디어를 떠올린 청년은 프랭크 울워스였다. 이 아이디어는 그에게 약 5,000만 달러 이상의 거대한 재산을 안겨주었다. 게다가 그와 똑같은 아이디어를 통해 몇몇 다른 사람도 부자가 되었고, 아이디어를 응용하여 더 많은 이윤을 내는 다양한 판매 시스템이 미국에서 개발되는 계기를 만들었다.

아무도 청년 울워스에게 자발적으로 나서서 일해보라고 이야기하지 않았다. 그렇게 일한 대가로 돈을 준 사람도 없었다. 그러나 그 노력의 대가는 끝이 없어보였다. 일단 아이디어를 실행에 옮기자, 정신을 차릴 수 없을 정도로 엄청난 보상을 얻은 것이다.

자발적으로, 받는 보수 이상으로 일하는 습관을 지니면 그 대가는 잠든 사이에도 계속 진행된다. 일단 보상이 시작되면 마치 알라딘의 램프에서 요정이 나와 마법을 부리는 것처럼 삽시간에 엄청난 '부'를 쌓을 수 있는 것이다.

꽁꽁 얼어붙은 어느 추운 겨울날 아침이었다. 찰스 슈왑의 자가용이 펜실베이니아 주에 있는 철강 제조공장에 도착했다. 슈왑이 차에서 내리자 속기용 노트를 든 청년이 허겁지겁 다가와 자기는 총무과에 소속된 속기사이며, 쓸 편지나 보낼 전보가 있을까 해서 왔노라고 했다.

"나에게 가보라고 시킨 사람이 있었나?"

슈왑이 물었다.

"아뇨, 없습니다. 사장님이 도착했다는 전보를 받고, 혹시 제가 도와드릴 일이 있을까 하고 온 겁니다."

청년이 대답했다.

바로 그것이다. 그는 보상도 없는 일을 할 수 있지 않을까 하고 온 것이다. 물론 누구에게 말을 들은 게 아니라 자발적으로 그렇게 한 것이다.

슈왑은 정중히 감사를 표했고, 당장 속기를 요하는 일은 없다고 대답했다. 그러고는 청년의 이름을 주의 깊게 기록한 뒤, 일터로 돌려보냈다.

그날 밤, 뉴욕 행 야간열차에는 슈왑과 젊은 속기사가 함께 타고 있었다. 철강업계의 거물인 슈왑의 요청으로 그의 보좌관이 되어 뉴욕에서 일하도록 임명된 것이다. 청년의 이름은 윌리엄스였다. 그는 수년간 슈왑을 위해 일했고, 그동안 승진에 승진을 거듭했다.

마침내 젊은 윌리엄스에게 큰 기회가 찾아왔다. U. S. 철강회사 계열인 꽤 규모 있는 제약회사의 대주주인 동시에 사장이 된 것이다. 그리하여 그는 어마어마한 재산가가 될 수 있었다.

이 사례는 보상을 생각하지 않는 습관으로 카네기에게 발탁되어 성공을 거둔 사람이 그런 습관으로 일하는 사람을 발탁해 또 성공으로 이끈 경우다. 이처럼 자발적으로, 무보수로, 그것도 매우 명확하게 일하는 사람들에게는 기회가 꼬리에 꼬리를 물고 따라다닌다.

보상을 생각하지 않고 일하는 습관은 보상받을 사람을 차별하지 않는다. 고용주든 직원이든 똑같이 작용하며, 아더 내쉬Arthur Nash라는 한 상인에게도 마찬가지로 작용했다.

그는 의류회사를 경영하고 있었다. 몇 년 전만 해도 내쉬의 사업은 파산 일보 직전에 놓여 있었다. 가장 심각한 문제 중 하나는 직원들이 패배주의에 사로잡혀 있는 것이었고, 그런 마음가짐은 나태하고 불만스러운 작업 태도에서 여실히 드러났다. 상황은 절망적이었다. 특단의 조치가 필요했고, 회사를 계속 유지하기 위해서는 되도록 빨리 실시해야 했다.

그는 직원들을 불러 모아 회사의 상황에 대해 이야기했다. 이야기 도중 그에게 한 가지 아이디어가 떠올랐다. 그래서 〈골든 룰 매거진〉에서 읽었던, 편집장이 강연료를 사양하고 보상을 생각하지 않는 서비스를 제공함으로써 6,000달러 이상의 자발적인 구독 신청을 올렸다는 이야기를 직원들에게 들려주었다.

그는 직원들이 그러한 정신을 받아들여 무보수로 일한다면 그들 손으로 회사를 살릴 수 있다며 제안을 시작했다. 모두 함께 봉급과 근무시간을 잊어버리고 최선을 다해 일한다면, 자신은 회사가 계속 운영되도록 노력하겠다고 약속한 것이다. 또한 회사가 급료를 지불할 만한 상황이 되면, 모든 직원에게 급료는 물론 보너스도 두둑이 주겠다고 약속했다.

직원들은 내쉬의 아이디어를 환영하며 시도해보자고 동의했다. 다음날 그들은 얼마 안 되는 저금을 가져와서 내쉬에게 자발적으로 빌려주었다. 모두 새로운 마음가짐으로 작업에 들어갔고, 회사는 서서히 회생의 기미를 보이기 시작했다. 그리고 곧 급료를 지불할 만한 상황에 돌입했다. 더욱이 얼마 지나지 않아 회사는 예전보다 더 큰 성장률을 보였다.

10년 뒤, 내쉬는 그 회사를 대기업으로 만들어 놓았다. 직원들의 형편도 예전보다 훨씬 좋아졌으며 모두 기뻐했다.

이제 아더 내쉬는 고인이 되었지만, 오늘날 그 회사는 미국에서 가장 성공한 의류회사로 손꼽힌다. 내쉬가 사임하자 직원들이 회사를 떠맡았다. 그 회사의 세일즈맨을 만나면 한번 이야기를 나누어보라. 뜨거운 열정과 자발적인 태도를 읽을 수 있을 것이다.

이처럼 '무보수'라는 자극제는 일단 사람의 마음속으로 들어가면, 그 사람을 완전히 바꿔버린다. 세상을 바라보는 눈이 달라지고, 사람마저 바뀐 것처럼 보인다. 왜냐하면 그 사람은 정말 바뀌었기 때문이다.

이제 당신에게 보수 이상으로 행하는, 보상을 생각하지 않고 일하는 습관에서 중요한 점을 상기시켜주고자 한다. 그것은 실천한 사람에게 영향을 미친다는 것이다. 다시 말해 이 습관의 가장 큰 이익은 그 서비스를 받은 사람에게 가는 것이 아니다. 그것은 변화된 마음가짐을 통해 서비스를 행한 사람에게 돌아간다. 그런 마음가짐은 타인에게 더 많은 영향을 미치게 하며, 더 많은 독립심과 자발성, 열정과 비전, 그리고 명확한 목표를 가질 수 있게 한다. 이 모든 것이 진정한 성공의 특징이기도 하다.

"실행하라, 그러면 힘을 얻게 되리라."

에머슨이 말한 그대로다. 바로 그 힘을 얻는 것이다. 그것은 사람들을 끌어당기는 힘이다. 보상은 더욱 크게 증식되어 돌아온다는 보상 증가의 법칙을 통해 추진력을 얻는 힘이다.

소망하는 것을
쉽게 얻는 비결

당신이 단순히 돈을 벌기 위해 일한다면, 씨를 뿌리고 수확하는 원리에 대해 더 알아둘 것이 있다. 그러고 나면 부족한 서비스라는 적은 씨를 뿌려서는 풍성한 수확을 영원히 기대할 수 없는 이유를 이해하게 될 것이다. 즉, 적은 노력으로 풍성한 보상을 요구하는 습관은 그만두어야 한다는 것을 알게 될 것이다.

당신은 돈 때문에 일하는 것만이 아니라 인생에서 더 나은 것을 소망해야 한다. 그런데 이것을 쉽고 확실하게 얻는 비결이 있다. 그렇다. 인생에서 바라는 단계로 발전할 쉽고도 확실한 길이 있다. 그리고 그 비결은 자발적으로, 무보수로 일하는 이들만이 깨달을 것이다. 그 비밀은 보상을 생각하지 않는 습관의 원리가 감싸고 있기 때문에 다른 어떤 방법으로도 밝혀질 수 없다.

'무지개의 끝'에 있는 황금 단지는 동화로만 그치는 게 아니다. 보상을 생각하지 않는 자세의 끝은 무지개가 끝나는 곳이며, 거기에는 황금 단지가 숨겨져 있다. 지금까지 '무지개의 끝'에 도달한 사람은 거의 없었다. 무지개가 끝났다고 여기는 곳에 도달해보면, 무지개는 또다시 저 멀리 보이는 곳에 떠 있었기 때문이다.

그런데 우리들의 문제는 무지개를 어떻게 따라가야 하는지를 모른다는 것이다. 그 비밀을 아는 사람은 무지개의 끝이 보상을 생각하지 않고 일할 때에야 비로소 도달할 수 있다는 것을 아는 사람이다.

어느 늦은 오후, 제너럴 모터스의 창립자인 윌리엄 듀런트가 업무 시간이 지났는데도 은행 안으로 걸어 들어왔다. 그러고는 한 직원에게 은행 일에 관해 몇 가지 사항을 알려달라고 정중하게 부탁했다.

은행의 말단 직원이던 캐롤 다운즈Carol Downes는 그 정도의 친절은 당연히 베풀어야 한다고 생각했다. 그는 듀런트가 원하는 정보에 대해 매우 친절하게 답해주었다. 그리하여 듀런트가 그의 안내를 받는 게 즐겁다고 느끼게 만들었다.

물론 그 일은 사소한 것처럼 보였고, 사실 그리 중요한 의미가 있는 것도 아니었다. 그러나 다운즈 자신도 모르는 사이에 이런 공손한 친절은 어마어마한 성공의 계기가 되었다.

다음 날 듀런트는 다운즈를 자기 회사로 초대해 자리를 하나 내주겠다고 제의했다. 다운즈는 그 제의를 수락했다. 그래서 그는 거의 100여 명이 함께 일하는 커다란 사무실에서 일하게 되었는데, 근무시간은 오전 8시 30분에서 오후 5시 30분까지였다. 그가 받을 봉급도 적당한 수준이었다.

첫 근무를 시작한 날, 퇴근을 알리는 종이 울리자 사람들은 모두 모자와 코트를 집어 들고 출입구를 향해 돌진했다. 그들이 떠난 후,

다운즈는 자기 자리에 그대로 앉아 퇴근시간이 되자마자 사람들이 모두 썰물처럼 밀려나간 이유를 곰곰이 생각해보았다.

15분쯤 후, 듀런트가 자기 사무실에서 나오다가 다운즈가 아직 자리에 앉아 있는 것을 보고, 퇴근시간이 5시 30분이라는 것을 모르냐고 물었다.

"아, 아닙니다. 붐비는 시간을 피해서 가려고 합니다."

다운즈가 대답했다.

그러고 나서 듀런트에게 필요한 일이 있는지를 물어보았다. 듀런트가 연필을 찾는다고 하자, 다운즈는 가지고 있던 연필을 연필깎이에 갈아서 건네주었다.

다음 날 퇴근시간, 그날도 다운즈는 '붐비는 시간'이 지나갈 때까지 여전히 자기 자리에 앉아 있었다. 이번에는 다분히 의도적으로 남은 것이었다.

잠시 후, 듀런트가 자기 사무실에서 나오다가 퇴근시간이 지난 걸 모르느냐고 또다시 물었다.

"아뇨, 알고 있습니다. 퇴근시간이 언제인지는 잘 알지만 그 시간에 반드시 자리를 떠야 한다고는 듣지 못했습니다. 그래서 사장님께 조금이라도 필요한 일이 있을까 하는 바람으로 남아 있기로 한 겁니다."

다운즈가 미소 지으며 말했다.

"별 이상한 바람도 다 있군. 어떻게 그런 생각을 하게 됐나?"

듀런트가 물었다.

"여기서 매일 퇴근시간에 일어나는 장면을 보고 생각해냈습니다."

다운즈가 대답했다.

그 후로도 다운즈는 퇴근시간이 지나도 듀런트를 만날 때까지 늘 자기 자리에 남아 있었다. 그런 일을 하라고 일러준 사람은 아무도 없었다. 자리에 남아 있는 대가로 무엇을 약속한 사람도 없었고, 만약 그런 모습을 지켜본 사람이라면 그가 공연히 시간을 낭비하고 있다고 여겼을 것이다.

몇 달 후, 다운즈는 듀런트의 사무실로 불려갔는데, 최근에 새로 지은 공장에 기계설비 감독관으로 파견하겠다는 통보를 받았다. 생각해보라. 은행 말단 직원이었던 사람이 겨우 몇 달 사이에 기계 전문가가 되어야 한다니! 그런데도 다운즈는 주저 없이 그 임명을 받아들이고 공장으로 향했다.

그는 "사장님, 왜 하필 접니까? 전 기계설비에 대해서는 아무것도 모릅니다"라고 말하지 않았다. "그건 제가 할 일이 아닙니다"라거나, "전 기계설비를 위해 고용되지 않았습니다"라고도 말하지 않았다. 그는 공장으로 가서 자기에게 요구되는 일을 해냈다. 게다가 즐거운 마음가짐으로 그 일에 뛰어들었다.

석 달 후, 모든 임무가 끝났다. 그 일이 너무나 성공적으로 마무리되었기 때문에 듀런트는 다운즈를 사무실로 불러 기계설비에 대해 따로 공부했냐고 물었다.

"아닙니다. 저는 그냥 죽 돌아본 다음에 그 일을 해낼 만한 사람들을 찾아서 맡겼을 뿐입니다. 그러니까 일은 그 사람들이 한 겁니다."

다운즈가 겸손하게 말했다.

"멋있어!"

듀런트가 큰소리로 외치고는 말을 이었다.

"가치 있는 사람은 두 가지 타입이 있네. 하나는 일이 너무 많다는 둥 불평하지 않고 묵묵히 해내는 타입이지. 다른 하나는 불평하지 않으면서도 일을 잘 해낼 사람을 찾아 맡기는 타입이네. 자네는 그 두 가지 타입을 모두 갖추고 있구먼."

다운즈는 듀런트의 칭찬에 감사를 표하고는 돌아가려고 했다. 그때 듀런트가 그를 불러 세웠다.

"잠깐만, 할 말이 있네. 자네가 설비를 마친 공장의 감독관으로 계속 일해 주어야겠어. 급료는 연봉 5만 달러로 시작하기로 하지."

그 후 10년 동안 다운즈는 듀런트의 회사에 1,000~1,200만 달러를 벌게 해주었다. 그리고 자동차 왕의 친밀한 조언자가 되었으며, 그 결과 자신도 부자가 될 수 있었다.

그런데 대부분의 사람이 가진 문제는 성공에 도달한 사람이 '어떻게', '왜' 도달했는지는 알아보려 하지 않고, 그저 그들의 화려한 나날에만 관심을 갖는 것이다.

물론 캐롤 다운즈의 성공에는 드라마틱한 스토리는 없다. 여기에 언급해 놓은 일화는 그가 성공을 거두기까지 실제로 있었던 일이지만, 함께 일하던 동료들조차 눈치채지 못한 일들이다. 따라서 동료들 중 많은 사람은 당연히 다운즈를 시기했을 것이다. 그가 운이 좋았든 무슨 연줄을 댔든, 아무튼 모든 수단을 동원해서 듀런트 사장의 호감을 샀다고 믿었을 것이다.

사실 솔직히 말하자면, 다운즈는 듀런트와 모종의 '연줄'이 있기는 있었다. 하지만 그는 자발적으로 그 연줄을 만들었다.

예를 들어 연필을 깨끗하게 갈아서 건네주는 사소한 일처럼, 기회가 닿을 때마다 무보수로 일함으로써 연줄을 만들었다. 또 고용주에게 조금이라도 도움이 될까 하는 '바람으로' 매일 퇴근시간 이후에도 자기 자리에 남아 있음으로써 연줄을 만들어냈다. 그리고 기계설비에 대해 잘 아는 사람을 어디에서, 어떻게 찾을 수 있느냐고 사장에게 물어보지 않고, 스스로 찾아냄으로써 연줄을 만들어냈다.

이러한 과정을 단계별로 음미해보면, 당신은 다운즈의 성공은 오로지 다운즈 스스로의 힘으로 이루어낸 것임을 깨닫게 될 것이다. 게다가 그의 성공은 사소한 일까지도 세심하게 배려한 태도, 즉 '마음가짐'에서 우러나온 것이었음을 알 수 있을 것이다.

다운즈와 같은 사무실에 있던 100여 명의 직원도 얼마든지 그가 하는 것처럼 행동할 기회가 있었다. 하지만 그들의 문제는 '무지개의 끝'만 찾으려고 하는 데 있었다. 오후 5시 30분만 되면 달려 나감으로써 무지개는 더욱 멀어질 뿐이었다.

오랜 세월이 흐른 후, 한 친구가 캐롤 다운즈에게 듀런트의 회사에서 어떻게 기회를 잡았느냐고 물어보았다. 그는 솔직하게 이렇게 대답했다.

"난 그냥 자진해서 그분 앞에 뛰어든 것뿐이라네. 그래야 내 얼굴을 볼 수 있지 않겠나. 그분은 사소한 일이라도 뭔가 필요한 게 있으면 나에게로 왔지. 왜냐하면 나만이 그의 시선에 들어왔으니까. 그렇게 해서 그분은 나를 찾는 습관을 갖게 됐단 말일세."

당신도 이 점을 명심하라. 듀런트 사장이 '다운즈를 찾는 습관을 갖게 된 것' 말이다. 게다가 다운즈는 무보수로 일함으로써 맡은 바 책임을 완수하는 사람이라는 믿음을 듀런트에게 심어주었다.

많은 사람이 다운즈보다 더 큰일을 해내려는 의욕을 갖고 있지 않은 것은 참으로 안타까운 일이다. 그리고 위대한 인물들이 누린 '특권'은 바라면서도, 기회가 부족하다며 불평하는 것 역시 참으로 안타까운 일이다.

캐롤 다운즈가 오후 5시 30분만 되면 일을 마치고 미친 듯이 달려나가는 대열에 끼었다면, 훨씬 더 부자가 되었을 거라고 주장할 사람이 있을까? 만약 그가 그렇게 했다면, 그는 수행한 일의 대가로 평균 봉급만을 받았지 절대 그 이상은 벌지 못했을 것이다.

이처럼 그의 운명은 그의 두 손 안에 있었다. 또한 그의 운명은 단 한 겹의 특권으로 싸여 있었는데, 그것은 모든 사람이 가져야 할 특권이기도 하다. 즉 자발적으로, 보상을 생각하지 않고 일하는 습관을 실천하는 자발성의 권리인 것이다.

이것이 이 이야기의 골자다. 다운즈의 성공에는 다른 비결은 없다. 오직 보상을 바라지 않고 일하는 습관을 받아들인 것뿐이었다.

이와 같이 그 힘 속에는 모든 위대한 성공의 씨앗이 들어 있다. 그리고 모든 거대한 성공의 비밀이기도 하다. 하지만 세상에 너무 알려지지 않아서인지 사람들은 대부분 고용주가 직원들을 더 부려 먹기 위해서 쓰는 약아빠진 속임수라고 생각하는 경향이 있다.

스페인과 미국의 전쟁이 끝나자마자, 앨버트 허버드Elbert Hubbard는 《가르시아 장군에게 보내는 편지》라는 소설을 썼다. 소설의 내용은 대략 이렇다.

미국의 윌리엄 맥킨리 대통령이 로원이라는 군인에게 반군 지도자 가르시아에게 보내는 편지를 전달하라며 참으로 간단명료하게 임무를 명한다. 그러나 그것은 말처럼 간단한 일이 아니었다. 가르시아가 정확히 어디쯤에 있는지는 당시 아무도 몰랐다. 하지만 로원은 쿠바의 정글을 헤치고 다니다가 마침내 가르시아를 찾아내 그 편지를 전달한다.

즉, 소설의 내용은 어려운 임무를 맡은 한 군인이 다른 구실을 붙여 도망하지 않고, 온갖 난관을 뚫고 나가 자신의 임무를 끝까지 완수한다는 것이다.

그런데 그 이야기가 전 세계적으로 바람을 일으켰다. 《가르시아 장군에게 보내는 편지》는 무려 1,000만 부 이상 팔려나갔다. 이 소설로 허버드는 유명 작가가 되었을 뿐만 아니라 부자가 될 수 있었다.

소설은 몇 가지 언어로 번역되었다. 일본 정부는 그 책을 러일전쟁 동안에 모든 군인에게 배포했다. 펜실베이니아 주 철도회사는 그 책을 수천 명의 직원에게 각각 나누어주었다. 또한 미국의 대규모 생명보험회사들도 그 책을 세일즈맨들에게 나누어주었다. 허버드가 다른 작품을 발표한 뒤에도 《가르시아 장군에게 보내는 편지》는 미국 전역에서 여전히 베스트셀러 행진을 계속했다.

소설이 베스트셀러가 된 이유는 무엇일까? 그 소설에는 맡은 일을 훌륭하게 완수하는 사람들만이 가지고 있는 마법 같은 힘이 스며들어 있었기 때문이다. 온 세계는 그런 사람을 간절히 원하고 있다. 또한 그들은 모든 일터에서 요구되는 사람들이다. 특히 미국의 산업계는 책임감이 강하고, 무보수로 일하는 마음가짐이 되어 있는 사람들이 활약하기에 가장 적합한 곳이다.

앤드류 카네기는 40명이나 되는 사람들을 일용직 노무자에서 백만장자로 만들어 놓았다. 그는 기꺼이 무보수로 일하는 사람들의 가치를 잘 알고 있었고, 그런 사람을 발견하면 자기 회사의 핵심부로 진입시켜서 '원할 만한 가치가 있는 모든 것'을 다 얻을 수 있는 기회를 만들어주었다.

사람들이 일을 하거나 하지 않으려는 데는 어떤 동기가 있다. 보상을 생각하지 않고 일하는 습관을 유발하는 가장 건전한 동기는 그런 습관을 따르면 평생 동안 이루 헤아릴 수 없을 정도로 많은 이득을 배당받을 수 있다는 사실이다.

보수 이상으로 일하지 않고 영구적인 성공에 도달한 사람은 아무도 없었다. 실천과 건전성은 성공을 향한 동전의 양면과 같다.

'보상을 생각하지 말고 일하라'는 성공철학 원칙의 건전성을 따져보기 위해 가장 좋은 방법은 그것을 일상적인 생활습관의 한 부분으로 만들어보는 것이다. 자신의 경험을 통해서만 깨달을 수 있는 진리도 있는 법이다.

사람들은 인생에서 큰 재산을 얻고 싶어 한다. 그것은 건전한 욕망이지만 잘못된 방법으로 '부'를 획득하려는 것은 어리석은 생각이다. 가치 있는 것을 남에게 줌으로써 우리는 그 대가로 부를 획득할 수 있다.

이 책에서 배운 성공철학의 원칙을 적용하고 지혜롭게 사용함으로써, 당신은 당신이 원하는 개인적인 재산을 획득하고, 나아가 나라를 부강하게 만드는 데도 일익을 담당할 수 있을 것이다.

욕심많은 고용주를 만났다면

"나는 이미 받는 보수 이상으로 일을 하고 있지만, 고용주가 너무 이기적이고 욕심이 많아서 내가 하는 일의 가치를 인정하지 않으려고 한다."

어떤 사람들은 이렇게 말할 것이다. 그들의 말처럼 자기 직원들을 지급하는 급료보다 훨씬 더 많이 부려먹으려는 탐욕스러운 고용주들이 있다. 한마디로 이기적인 고용주들은 옹기장이가 손에 쥐고 있는 진흙 한 덩어리와 같다. 그러므로 그들의 욕심을 역이용해서 열심히 일하는 직원들에게 보상을 해주도록 만들 수 있다.

그런 고용주는 보상을 생각하지 않고 일하는 습관을 가진 직원이 얼마나 소중한지 잘 알고 있다. 그러므로 절대 놓치려고 하지 않을 것이다. 그렇다면 거대한 조개처럼 꽉 다문 그들의 욕심을 지렛대로 억지로라도 여는 수밖에 없다.

지혜로운 사람들은 그 지렛대를 어떻게 사용하는지를 잘 알고 있을 것이다. 그것은 서비스의 질과 양을 줄이는 게 아니라 오히려 증가시키는 것이다. 현명한 세일즈맨이라면 지혜로운 여인이 마음에 드는 남자를 사로잡는 것처럼, 욕심 많은 구매자를 쉽게 조종할 수 있다. 구매자를 사로잡는 방법은 지혜로운 여인이 남자를 다루는 방법과 흡사하다.

이처럼 현명한 사람이라면 자진해서 다른 직원들보다 더 많이, 더 잘 일함으로써 고용주에게 없어서는 안 될 사람이 되도록 노력할 것이다. 그러면 욕심 많은 고용주는 그런 직원을 놓치지 않으려고 갖은 수를 다 쓸 것이다.

그러므로 이른바 욕심 많은 고용주를 만나는 건 오히려 보상을 생각하지 않고 일하는 습관을 따르는 사람에게는 큰 재산이나 마찬 가지다. 나는 고용주의 욕심을 역이용하여, 그를 조종하는 수단으로 서 이 방법을 적어도 백 번 정도 실험해보았다. 그 결과 단 한 번도 실패한 적이 없었다.

때로 어떤 고용주는 기대만큼 빨리 반응을 보이지 않은 적도 있었는데, 그럼으로써 그는 더 큰 난관에 봉착하게 되었다. 경쟁사 고용주가 그 직원을 눈여겨보고 어떻게 해서든 스카우트해가려고 나왔기 때문이다.

보상을 생각하지 않고 일하는 습관을 따르는 사람은 절대 손해를 보지 않는다. 그 일에서 즉각 인정을 받지 못했다면, 다른 일에서 저절로 그렇게 될 것이다. 적어도 기대를 하고 있으면 그런 일이 이루어지게 되어 있다. 보수 이상으로 일하는 사람들에게는 언제나 보상이 따른다.

무보수로 일하고, 그런 마음가짐으로 일하는 사람들은 절대 일자리를 찾느라 시간을 낭비할 필요가 없다. 불경기가 오든 회사 사정이 어떠하든, 나라가 전쟁 중이든 평화 시든 간에 보수 이상으로 더 많고 더 나은 서비스를 행하는 사람은 누군가에게 반드시 필요한 사람이 될 것이기 때문에 절대 실업자가 되는 일은 없다.

높은 임금과 필요불가결성은 쌍둥이와 같다. 그들은 늘 함께 있었으며, 언제까지나 함께 있을 것이다. 따라서 없어서는 안 될 존재가 되기 위해 노력하는 사람이 진실로 현명한 사람이며, 그런 사람은 고용상태와 높은 임금을 유지할 뿐 아니라 제아무리 욕심 많은 고용주라도 이의를 제기할 수 없게 만든다.

사람들은 대부분 호박이 넝쿨째 굴러 들어오는 '대박'이나 거저 얻는 '행운'을 기대하면서 그들의 인생을 허비하지만, 그런 일은 절대 찾아오지 않는다. 왜냐하면 그들에게는 명확한 목표가 없기 때문이다. 그러므로 무보수로 일하도록 자극을 주는 동기도 없는 것이다. 그런 사람들은 다음과 같은 사실도 절대 깨닫지 못할 것이다.

사람들이 가슴에 품은 헛된 꿈은 재가 되어버린다. 행여 성공하는 듯해도, 사막의 모래더미 위에 떨어지는 눈처럼 이내 사라지고 만다.

또한 성급함이 일을 그르친다. 그들은 어항 속의 금붕어처럼 돌고 돌다가 언제나 출발했던 지점으로 돌아온다. 텅 빈손으로 실망한 채.

부란 선택을 통해 획득될 수 있다. 따라서 명확한 목표와 그것을 달성하기 위한 명확한 계획을 선택하고, 그럼으로써 어디에서 시작할 것인지를 명확하게 정해 놓아야 한다. 또한 보상을 생각하지 않고 일하는 습관이 물질적인 재산만을 가져다준다고 단정하지 마라. 그런 습관은 분명히 정신적인 재산도 획득하게 해준다.

겸손하고
솔직하라

영리하고 현명한 사람들은 금전적인 목표를 달성하기 위해 무보수로 일하는 원칙을 적용함으로써 부자가 될 수 있었다. 그러나 진실로 현명한 사람들은 이런 원칙을 통해 얻을 수 있는 가장 큰 보상은 평생 동안 지속되는 우정, 조화로운 인간관계, 자선 활동, 이해심, 베푸는 마음 등 인생의 열두 가지 재산과 관련되어 있다는 사실을 알고 있을 것이다.

에드워드 초우트Edward Choate는 그런 진리를 깨달은 사람이었고, 부의 문을 열어주는 마스터키를 발견한 사람이었다. 그의 집은 캘리포니아 주 로스앤젤레스에 있고, 생명보험을 판매하는 그의 사업체도 그곳에 있다.

그는 생명보험 세일즈맨을 하면서 열심히 일한 덕에 생활은 안정적인 편이었지만, 그 분야에서 탁월한 능력을 발휘하지는 못하고 있었다. 그러던 어느 날 '불행한 사업적 모험'을 벌이다가 가진 돈을 모두 날리고 새로운 출발선에 서는 처지가 되었다.

나는 지금 '불행한 사업적 모험'이라고 표현했지만, '행운의 사업적 모험'이라고 고쳐 말하는 게 좋을 것 같다. 왜냐하면 실패를 겪은 뒤, 에드워드 초우트는 탄탄대로 성공 가도를 달리는 사람이 있는가 하면, 일시적인 좌절이나 영원한 패배를 맞는 사람이 있는 등 사람들의 여러 가지 운명에 대해 깊이 생각하게 되었기 때문이다.

그런 생각을 한 결과, 그는 성공철학을 배우는 학생이 되었다. 초우트는 보상을 생각하지 않고 일하는 습관에 대해 배우고 나자, 전에 경험해보지 못했던 새로운 사실을 깨달았다. 즉, 물질적인 상실이 정신적인 능력으로 이루어진 더 큰 재산을 벌 수 있게 한다는 사실을 깨달은 것이다. 이러한 깨달음을 얻은 초우트는 하나씩 하나씩 인생의 열두 가지 재산에 접근하기 시작했다. 물론 가장 먼저 획득한 것은 '긍정적인 정신자세'였다.

한동안 그는 보험 판매에 대한 생각은 접어두고, 인생의 막다른 곳에서 고통스러워하는 사람들을 도와주기 시작했다.

첫 번째 기회는 금광을 찾으러 캘리포니아 주에 있는 사막으로 왔다가 굶어 죽기 직전에 있던 한 청년을 발견했을 때 찾아왔다. 그는 청년을 자기 집으로 데리고 가 먹이고 보살피면서 적당한 일자리가 나올 때까지 계속 머물러 있게 했다. 그런 선행을 베풀면서 초우트는 금전적인 이득에 관해서는 전혀 생각해보지 않았다. 찢어지게 가난한 데다 깊은 상심에 빠진 청년이 장차 생명보험의 구매자가 되리라고는 절대 생각할 수 없었기 때문이다.

그 후 곤란을 겪는 사람들을 도울 기회는 점점 늘어났다. 그러자 초우트에 대한 소문이 얼마나 빨리 퍼졌던지, 그는 마치 불행한 사람들을 끌어당기는 자석처럼 보였다. 그러나 그것은 잘못된 생각이었다. 그는 순수한 목적으로 타인을 돕는 시험기간을 거치는 중이었을 뿐이다. 이처럼 무보수로 일하는 원칙을 적용하는 기간을 반드시 거쳐볼 필요가 있음을 당신도 잊지 마라.

어쨌든 에드워드 초우트의 인생은 전혀 예상치 못한 방향으로 흐르기 시작했다. 그의 보험 판매량은 점점 늘어나더니 급기야 신기록까지 달성했다. 더욱이 가장 큰 액수의 보험 증권을 계약한 사람은 처음으로 도움을 베풀었던 청년의 고용주였다. 그 계약은 초우트가 애걸복걸해서 성사된 게 아니었다.

그 후 그는 큰 힘들이지 않고도 더 많은 보험을 판매할 수 있었다. 예전에는 아무리 노력해도 얻어낼 수 없는 성과였다. 게다가 거래하는 고객들의 수준도 높아져 어마어마한 양의 보험 계약을 할 수 있었다. 특히 큰 사업을 운영하는 사람들이 생명보험과 관련한 일은 초우트를 찾아와 상담할 정도였다.

초우트의 계약 성사는 기하급수적으로 불어났고, 마침내 생명보험 세일즈맨들이 그렇게도 열망하는 목표인 '100만 달러 라운드 테이블Million Dollar Round Table'의 종신회원이 되었다. 그것은 3년 연속 최소한 일 년에 100만 달러를 판매해야 자격을 얻을 수 있는 영예로운 자리였다.

이처럼 에드워드 초우트는 정신적인 재산을 추구함으로써 물질적인 재산까지 얻게 되었다. 그것도 기대했던 것보다 훨씬 더 풍부하게 얻을 수 있었다. 그리고 선한 사마리아인의 역할을 도맡아한 지 6년째 되던 해 초우트는 넉 달 동안 무려 200만 달러 이상의 보험 계약을 체결해냈다.

그의 성공 스토리는 미국 전역으로 퍼져나갔고, 여러 보험회사로부터 강연 초청을 받았다. 수많은 생명보험 세일즈맨이 어떻게 해서 그런 위치까지 올라갈 수 있었는지를 몹시 알고 싶어 했기 때문이다.

그는 그 이유를 모두 말해주었다. 크게 성공을 거둔 사람들이 보이는 일반적인 모습과는 딴판으로, 그는 겸손하고 솔직하게 다른 사람들의 인생철학을 적용한 결과 성공할 수 있었음을 밝혔다. 성공을 거둔 사람들이 대개 자신의 성공이 우수한 두뇌와 지혜 때문임을 은근히 강조하는 데 반해, 그는 솔직하게 자신의 은인들을 공개한 것이다.

이처럼 에드워드 초우트 이상으로 솔직한 사람이 세상에 없다는 것은 참으로 애석한 일이다. 타인의 친절한 도움 없이 영구적인 성공에 다다른 사람은 없으며, 다른 사람을 돕지 않고 영구적인 성공을 거둔 사람 역시 없다는 것은 명백한 사실이기 때문이다.

CHAPTER _06

마스터
마인드

마스터 마인드Master Mind란 명확한 목표의 달성을 향해 완벽한 조화와
협력의 정신으로 뭉쳐진 둘 또는 그 이상의 마음의 연합을 의미한다.
마스터 마인드 원리는 모든 성공의 토대이며, 개인이든 집단이든
인간의 모든 진보에서 가장 중요한 주춧돌 역할을 해왔다.

마스터 마인드

마스터 마인드Master Mind란 명확한 목표의 달성을 향해 완벽한 조화와 협력의 정신으로 뭉쳐진 둘 또는 그 이상의 마음의 연합을 의미한다. 잠재적인 능력을 계발하는 데 핵심적인 의미를 담고 있으므로 잘 기억해두기 바란다.

마스터 마인드 원리는 모든 성공의 토대이며, 개인이든 집단이든 인간의 모든 진보에서 가장 중요한 주춧돌 역할을 해왔다.

이처럼 우리 마음속에 내재된 힘을 끌어내는 열쇠는 '조화harmony'의 세계 속에 숨어 있다. 그리고 집단적인 노력의 일환으로 협력이라는 토대가 형성되지 않으면 조화가 제공하는 힘을 얻을 수 없다.

마스터 마인드의
다섯 가지 원리

마스터 마인드의 가장 중요한 원리는 다음과 같다.

첫째, 마스터 마인드 원리는 타인의 경험 · 훈련 · 교육 · 전문 지식과 타고난 능력으로부터 충분한 이득을 얻을 수 있는 수단이다. 마치 그들의 마음이 자신의 마음인 것처럼 완벽하게 정보를 얻을 수 있다.

둘째, 둘 또는 그 이상의 마음이 연합하면 명확한 목표의 달성을 향해 완벽한 조화의 정신을 발휘하고, 각 개인의 마음에 강력한 자극을 줌으로써 그 마음 상태를 신념으로까지 끌어올린다.

셋째, 모든 인간의 두뇌는 생각한 내용을 표현하기 위한 방송국과 수신기를 겸하고 있으며, 마스터 마인드의 효과는 소위 텔레파시를 통해 작동함으로써 생각한 바를 실천에 옮기도록 유도한다.

이런 식으로 많은 기업 간, 직업 간에 연합이 이루어지며, 타인의 이득을 보장하는 마스터 마인드 원리를 적용하지 않고 영구적인 능력이나 높은 지위를 차지한 사람은 거의 없었다. 이 사실 하나만으로도 마스터 마인드 원리의 중요성과 건전성을 확인하는 데는 충분할 것이다. 군이 확인을 위해서 신경을 곤두세우거나 억지로 믿으려고 할 필요 없이 누구나 쉽게 관찰할 수 있는 사실이다.

넷째, 마스터 마인드 원리를 적용하면 한 개인의 잠재의식은 물론, 그와 연합한 사람들의 잠재의식에도 효과를 나타낸다. 겉으로 보기에는 기적 같지만 마스터 마인드를 통해 얻어진 수많은 결과를 설명할 수 있는 근거다.

다섯째, 다음과 같은 관계에서는 마스터 마인드 원리가 더욱 유익하게 적용될 수 있다.

- 결혼
- 종교
- 직업

마스터 마인드 원리를 통해 토머스 에디슨은 부족한 교육과 과학적인 지식에도 위대한 발명가가 될 수 있었다. 정규 교육이 부족한 것이 심각한 핸디캡이라고 잘못 알고 있는 모든 사람에게 희망을 던져주는 사실이다.

마스터 마인드 원리의 도움으로, 숙련된 지질학자의 지식을 통해서 우리가 살고 있는 땅의 역사와 구조를 이해할 수 있게 된다. 화학자의 지식과 경험을 통해서 화학 교육을 받지 않고도 화학을 실용적으로 응용할 수 있게 된다. 과학자·기술자·물리학자·기계 전문가의 도움으로 그런 분야에 대해 훈련을 받지 않고도 성공적인 발명가가 될 수 있다.

마스터 마인드 연합에는 두 가지 일반적인 유형이 있다.

첫째, 친척·종교적인 조언자·친구들과 사교적이고 개인적인 이유로 맺어진 연합이다. 이들은 물질적인 이득이나 목표를 추구하지 않는다. 아내와 남편의 관계가 이런 유형의 연합 중에서 가장 중요한 관계다.

둘째, 기업·직업·경제적인 면에서 발전을 꾀하는 연합이다. 이는 그 연합의 목표에 부합되는 동기를 가진 사람들로 구성되어 있다.

부, 자유, 그리고 권력

이제 마스터 마인드 원리를 적용함으로써 얻을 수 있는 힘에 대해 더욱 중요한 사례 몇 가지를 미국의 경우를 예로 들어 알아보기로 하자.

미국의 정부 형태는 미합중국 헌법에 명시되어 있는 그대로 모든 국민에게 생사 여부가 달린 영향을 미치는 것은 물론, 전 세계에도 지대한 영향을 미치기 때문에 가장 먼저 분석하는 것이 좋을 것 같다.

미국 정부는 다음과 같이 명백한 세 가지 특기할 만한 사실이 있다.

첫째, 세계에서 가장 부유한 나라다.
둘째, 세계에서 가장 강력한 나라다.
셋째, 다른 어느 나라보다도 더 많은 자유가 국민에게 제공된다.

부, 자유, 그리고 권력!

이러한 혜택의 근원에 대해 정의를 내리는 것은 어렵지 않다. 왜냐하면 그것은 미국 헌법과 자유기업제의 중심이며 매우 조화롭게 상호작용하므로, 온 세계가 이전에는 결코 경험한 적이 없는 정신적이고 경제적인 힘을 국민들에게 제공하고 있기 때문이다.

미국 정부는 모든 국민의 조화로운 관계로 구성된 마스터 마인드의 거대한 연합체로, 50개 주가 각각 독립된 행정력을 갖고 있다.

미국 마스터 마인드의 핵심은 정부 형태를 분석해보면 쉽게 이해할 수 있다. 미국 정부의 구성 형태는 다음과 같다.

- 행정부(대통령에 의해 유지된다)
- 사법부(대법원에 의해 유지된다)
- 입법부(상원과 하원, 즉 양원에 의해 유지된다)

이러한 정부 형태가 가진 권력은 국민들이 사용하기를 스스로 거부하지 않는 한, 국민들의 견제를 받도록 헌법으로 보장되어 있다.

미국의 정치적인 힘은 정부를 통해 유지되고 표현되며, 미국의 경제적인 힘은 자유기업제를 통해 유지되고 표현된다. 이 두 가지 권력의 합계가 얼마 만큼인가 하는 문제는 두 가지 힘이 상호작용하는 조화의 정도와 정확하게 비례한다.

그렇게 얻어진 힘은 모든 국민의 재산이다. 그것은 국민들에게 가장 높은 수준의 생활을 가능하게 하는 힘이며, 세계에서 가장 부유하고, 자유롭고 강력한 나라를 만들어낸 힘이다. 이런 힘을 가리켜 '미국의 생활방식'이라고 말한다. 그런 생활방식과 문명의 파괴를 불러오는 전쟁이 닥치면 온 국민이 경제적·정신적인 힘을 모은다.

마스터 마인드 원리는 산업에도 적용될 수 있다. 철도와 항공, 전화와 전신 등 각종 운송과 커뮤니케이션 체계가 조화와 협력을 이룰 때, 상호작용의 플러스 효과로 능률과 성과가 오를 수 있는 것이다. 육·해·공군의 강력한 힘 역시 그 실마리는 마스터 마인드의 조화로운 상호작용 속에 있다.

선수들 간의 조화와 협력을 통해 강력한 힘을 구축하는 축구팀도 마스터 마인드의 훌륭한 예라고 할 수 있다. '체인점 판매'라는 미국의 거대한 상업 시스템은 마스터 마인드 원리를 적용한 경제의 또 다른 예다.

성공 가도를 달리는 모든 기업도 마스터 마인드 원리를 적용한 결과다. 미국의 자유기업제는 집단적인 공동 노력에 의해 만들어진 경제적 힘을 입증하는 놀라운 실례다.

마스터 마인드 원리가 사람들이 가질 수 있는 가장 강력하고 유일한 재산은 아니지만, 바라는 목표를 달성하게 해주는 매우 중요한 수단임이 확실하다. 아무리 볼품없는 사람이라도 선택한 누군가와 조화로운 연합을 형성함으로써, 이 원리를 통해 이익을 얻을 수 있다.

이 원리를 적용하기에 가장 중요하고 유익한 관계가 결혼생활이다. 부부 간의 연합은 곧 사랑이기 때문이다. 결혼은 아내와 남편의 마음이 서로 조화를 이루게 할 뿐만 아니라, 정신적인 면에서도 좋은 점이 서로 융합하게 만든다. 이러한 연합의 이익은 아내와 남편에게 기쁨과 행복을 가져다줌은 물론 자녀들에게 건전한 성격을 심어주며, 성공적인 인생의 기초를 다져준다.

당신은 이제 마스터 마인드 원리의 힘에 대해 이해했을 줄로 믿는다.

그러므로 목표를 세울 때 너무 높이 세우는 것이 아닐까 두려워하지 마라. 받은 대가로 적절한 가치를 기꺼이 돌려주려고만 한다면 질과 양 모든 면에서 부족함이 없는 부를 얻을 기회가 찾아올 것이다.

따라서 당신의 목표를 인생에 적용하기 전에 다음의 글귀를 기억하고, 여기에서 말하는 교훈을 새기기 바란다.

- 나는 단돈 1페니에 인생을 흥정했고, 인생은 그 이상 지불하려고 하지 않았다. 하지만 해가 저물자 나는 다시 굶주린 배를 움켜쥐어야 했다.
- 인생은 고용주와 같아서 그대가 얼마를 원하든 급료를 주게 되어 있다. 그러나 일단 얼마를 받을지 정하고 나면, 당신에게는 어려운 임무가 떨어진다.
- 하찮은 일에 고용된 이 몸은 이제야 겨우 깨닫고 한탄할 뿐이다. 내가 얼마를 요구하든 인생은 기꺼이 내어준다는 것을……

성공을 거둔 사람들은 재산을 인생과 맞바꾸지 않는다. 그들은 자신이 원하는 조건대로 인생으로부터 보상받을 수 있는 힘이 있다는 것을 알고 있기 때문이다. 또한 '부의 문을 열어주는 마스터키'를 손에 쥔 사람들이 그 힘을 사용할 수 있고, 힘의 근원과 무한한 범위까지도 잘 알고 있다.

따라서 '마스터 마인드'는 영어로 된 단어 중에서 가장 위대한 단어다. 그런데 이 단어를 모르는 사람은 없지만, 그 힘의 비밀에 대해서 아는 사람은 거의 없다.

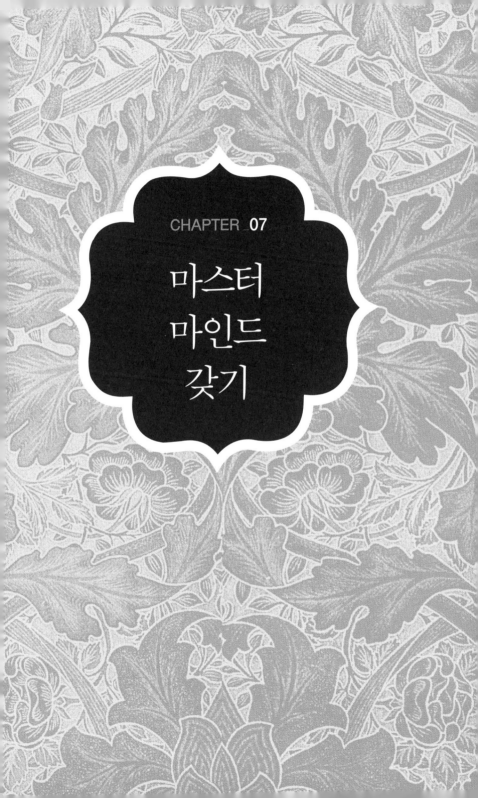

CHAPTER _07

마스터
마인드
갖기

자신감이 없으면 마스터 마인드 관계가 될 수 없다.
전쟁을 치르든 무슨 상황이든 마찬가지다.
자신감은 모든 조화로운 관계의 토대가 된다.
당신이 마스터 마인드 연합을 조직해서
충분한 이익을 얻고 싶다면 이 점을 꼭 기억하라.

마 스 터
마 인 드
갖 기

　　앤드류 카네기가 성공철학을 완성하는 일에 나를 임명했을 때, 나는 인생의 목표를 달성하는 데 도움이 될 수 있는 마스터 마인드 원리에 대해 설명해달라고 부탁했다.

　"카네기 씨, 성공을 꿈꾸는 사람들이 사용할 수 있는 마스터 마인드 원리에 대해 정의를 내려주시겠습니까? 평범한 사람이라도 매일 실천하고 노력함으로써, 모든 기회를 가장 효율적으로 이용할 수 있는 원리 말입니다."

　카네기의 대답은 이러했다.

　인생의 명확한 목표에 도달하기 위해 마스터 마인드 원리를 적용해서 다양하고 유익한 인간관계를 발전시킬 수 있을 겁니다. 그러나 명확한 목표를 정하고, 그것을 글로 쓰고 마음에 확실히 새긴다고 해서 목표가 성공적으로 실현되리라는 것을 보장하지는 않습니다.

인생의 목표는 끊임없는 노력에 의해 수반되고 뒷받침되어야 하는데, 그렇기 때문에 타인과 관계를 구성하고 유지해야 합니다. 친구들, 특히 일터에서 친분을 나눌 사람을 선택할 때 얼마나 주의를 기울여야 하는지 이제 잘 아시겠지요. 따라서 명확한 목표를 가진 사람이 그 목표를 달성하기 위해 계발하고, 조직하고 사용해야 할 인간관계에 대해 몇 가지를 생각해보기로 합시다.

직장

모든 마스터 마인드 관계 중에서 가장 중요한 결혼 외에 직업상 함께 일하는 사람들과의 관계만큼 중요한 관계는 없을 겁니다.

사람들은 날마다 직장에서 만나는 사람들의 버릇 · 신념 · 마음가짐 · 정치 · 경제적인 관점은 물론 매우 솔직한 면까지 따라 하는 경향이 있지요. 그런데 매일 만나는 사람들 중에서 가장 솔직한 사람이 언제나 가장 건전한 사고의 소유자가 아니라는 게 큰 비극이지요. 사실 그런 사람은 불평꾼일 경우가 많습니다. 자기 동료들 사이에 불평하는 분위기를 조성함으로써 기쁨을 찾는 타입이지요.

또한 소위 솔직한 사람들은 인생의 명확한 목표가 없는 사람들인 경우가 많습니다. 그래서 시간의 대부분을 그런 목표를 가진 사람들의 흠을 잡느라고 애를 쓰면서 보내지요.

자신이 인생에서 원하는 바를 정확히 알고 있는, 건전한 성격을 가진 사람들은 지혜롭기 때문에 보통 자기 생각을 남에게 잘 털어놓지 않습니다. 그리고 다른 사람의 기를 꺾어 놓느라고 시간을 낭비하지도 않지요. 그들은 자기 목표를 이루느라 몹시 분주하기 때문에 어떤 식으로든 이득이 되지 않을 사람이나 사물에는 시간을 낭비하지 않는 것이지요.

거의 모든 교제 범위 속에서 우리는 유익한 영향이나 도움을 주는 사람, 즉 명확한 목표를 성취하기 위해 열정을 갖고 있는 사람을 발견할 수 있습니다. 서로 이익을 줄 수 있고, 기꺼이 주고자 하는 사람들끼리 우정을 쌓아야 하는 겁니다. 그런 재목이 안 되는 사람이라면 역시 지혜롭게 피할 줄 알아야겠지요.

자기에게 유익한 성격, 지식, 인격을 가진 사람들과 친밀한 연합을 추구하는 사람은 상대방이 자기보다 한 수 더 높다는 것도 간과하지 않지요. 그들과 동등해지는 것은 물론 능가하는 날을 기대하면서 에이브러햄 링컨이 한 말을 떠올릴 겁니다.

"나는 공부하고 준비할 것이다. 그러면 언젠가 나의 기회가 찾아올 테니까."

따라서 건설적이고 명확한 목표를 가진 사람은 결코 자기보다 우수한 사람을 시기하지 않으며, 그들의 방법을 따라 배우고, 그들의 지식을 받아들이도록 노력할 겁니다. 자기보다 우월한 사람들의 결점을 찾는 데 시간을 보내는 사람들은 결코 성공적인 리더가 될 수 없다는 사실을 일종의 예언으로 새겨들어야 할 겁니다.

예를 들어 가장 위대한 군인은 상사의 명령을 맡아서 완수할 수 있는 사람이지요. 이렇게 하지 않거나 하지 못하는 사람들은 군대 조직 내에서 성공적인 리더가 되지 못합니다. 이 점은 다른 모든 직업에도 똑같이 통하는 진리입니다. 조화의 정신에 입각해서 자기보다 우월한 사람을 모방하고 따라 할 줄 모르는 사람은 절대 그런 사람들과의 접촉에서 큰 이익을 얻지 못할 겁니다.

지금까지 수많은 사람이 내 조직에서 성공을 거두었으며, 그들이 원하던 것보다 훨씬 더 부자가 되었지요. 그들은 사람들의 결점을 들추어냈기 때문에 성공한 게 아니라, 접촉하고 있는 모든 사람의 경험을 받아들이고 실제로 사용함으로써 성장할 수 있었던 겁니다.

명확한 목표를 가진 사람은 매일 직장에서 접촉하는 모든 사람을 주의해서 보아야 합니다. 즉, 자신의 발전을 위해 유익한 지식이나 영향의 출처로서 잘 관찰해야 하는 거지요. 지혜롭게 그런 사람을 찾는다면 평범한 일터를 세상에서 가장 위대한 배움터로 만들 수 있을 겁니다. 바로 관찰과 경험에 근거한 효과라고 할 수 있지요.

그러면 개중에는 "어떻게 하면 그런 공부를 효과적으로 할 수 있죠?"라고 묻는 사람들이 있겠지요. 그 질문에 대한 대답은 '인간의 자발적인 행동을 유도하는 아홉 가지 기본 동기'에 있습니다. 즉, 소망의 정도는 그것을 자극하는 동기에 달려 있는 겁니다. 그러므로 서로 경험과 지식을 나누어주고 협력할 때 최상의 동기가 만들어지겠지요.

직장의 동료들과 친근하고 협조적으로 어울리는 사람은 호전적이고 성 잘 내고 무례한 동료들과 어울리는 사람보다 좋은 배움을 얻을 수 있는 기회가 훨씬 더 많습니다. 따라서 날마다 만나는 동료들에게서 많은 것을 배우고, 그들의 협조를 얻고 싶다면 '소금보다는 꿀을 가진 사람이 파리를 더 많이 잡는다'는 옛말을 기억해야 할 겁니다.

배움

배움에는 끝이 없습니다. 인생의 목표를 향해 열정을 불태우는 사람이라면 언제나 학생이라는 자세를 가져야 합니다. 인생의 목표와 관련된 전문 지식과 경험을 얻을 수 있는 사람들에게 계속 배워야 한다는 뜻이지요.

공공 도서관은 주제가 무엇이든 엄청난 지식을 보관하고 있고, 게다가 무료로 개방됩니다. 명확한 목표를 가진 사람은 자발적으로 그 목표와 관련된 책을 찾아서 읽는 것을 필수 의무라고 여길 겁니다. 그럼으로써 먼저 성공을 거둔 사람들의 경험에서 중요한 지식을 얻게 되지요. 이때 다른 사람들의 경험을 통해 모든 지식을 자신의 목표에 적용하기까지는 비록 성인이라 하더라도 자기 자신을 유치원생 정도로도 생각하지 말아야 합니다.

그런데 독서 프로그램은 건강을 위해 식사를 조절할 때처럼 매우 주의를 기울여야 합니다. 만화나 야한 잡지를 읽으면서 여가를 보내는 사람은 절대 원대한 성공을 향해 나아가지 못합니다. 인생의 목표를 달성하는 데 유익한 지식이 담긴 책을 멀리하는 사람도 마찬가지입니다. 마구잡이로 아무것이나 읽는 것은 재미는 있을지 몰라도 직업과 관련해서는 별 도움이 되지 못하기 때문이지요.

그러나 독서만이 배움의 원천을 제공하는 것은 아닙니다. 직장에서 매일 만나는 사람들 중에서 친분을 쌓을 사람을 주의 깊게 선택함으로써, 평범한 대화를 통해 수많은 배움의 기회를 만들 수도 있지요. 또한 같은 직업에 종사하는 사람들끼리의 모임에서 명확한 인생 목표를 가진 회원들과 친분을 쌓는 것 역시 좋은 배움의 기회를 만들어줍니다. 이러한 만남을 통해서 사람들은 사업과 사교 양면에서 모두 목표 달성에 큰 가치가 있는 정보를 얻을 수 있을 겁니다.

친구를 잘 사귀는 사람치고 인생에서 성공하지 못한 사람은 드물지요. '교제'라는 말은 매우 중요한 말입니다. 따라서 매일 새로 교제를 나눌 사람을 늘려가는 습관을 가진 사람은 그런 교제를 시도하는 동안에 상상도 못했던 큰 이익을 얻게 될 겁니다.

방금 말한 바와 같이 인생의 명확한 목표를 세운 사람은 가능한 모든 이유를 동원하여 교제를 만들어내는 습관을 기릅니다. 자기에게 유익한 사람들을 만나려면 어디가 가장 좋을지를 궁리하면서 말이지요. 특히 교회는 사람들 사이에 친목과 유대감을 도모하는 분위기를 만들기 때문에 사람을 사귀고 만나기에 가장 바람직한 곳이지요.

이처럼 모든 사람이 금전적인 이득을 배제한 채 서로 생각을 교환하고, 이해와 우정을 나눌 수 있는 분위기 속에서 이웃들과 교제하기를 원합니다. 그러나 자기만의 세계 속에 파묻혀 사는 사람은 철저히 내성적인 사람이 되고, 이내 이기적이고 자기 생각만 옳다고 여기는 편협한 사람이 되고 말 겁니다.

정치

정치에 관심을 갖는 것은 모든 국민의 의무이자 특권입니다. 무기명 비밀투표를 함으로써 자격 있는 사람들을 공직에 배치하는 권리를 행사하는 것이지요. 투표권을 행사하는 것은 정당에 가입하는 문제보다 훨씬 더 중요합니다. 정치가 불미스러운 일로 더렵혀진다면, 부정하고 무능한 공직자를 해임할 수 있는 권한을 가진 사람들 외에는 아무도 책임을 질 수 없기 때문이지요.

선거권과 그에 따르는 의무 외에도 인생의 목표를 성취하는 데 도움이 될 만한 사람들과 교제할 때, 활발한 정치적 관심을 통해 이득을 얻을 수 있다는 점을 간과해서는 안 됩니다. 많은 직업과 사업에 있어서 정치적인 영향은 누군가의 관심을 증폭시키는 중대하고도 명확한 요인입니다. 사업가든 회사원이든 활발한 정치적 연합을 통해 자신들의 이득을 높일 수 있는 가능성을 무시해서는 안 되겠지요.

현명한 사람이라면 인생의 목표를 달성하기 위해서는 최선을 다해 유익한 교제권을 만들어야 한다는 것을 잘 알고 있을 겁니다. 그러므로 참정권을 포기하는 일 따위는 절대 하지 않을 겁니다.

이처럼 정치에 적극적인 관심을 가져야 한다고 특히 강조하는 이유는 국민 대다수가 참정권을 행사하지 않으면 정치는 붕괴되고, 나라를 망치는 해악으로 돌변한다는 사실 때문입니다.

미국을 만든 창설자들은 그들의 일생과 재산을 모든 사람이 자기 의도대로 살아갈 수 있도록 자유의 특권을 부여하는 데 쏟아부었습니다. 따라서 미국인들에게 가장 중요한 특권은 미국의 창설자들이 자유의 특권을 보장하기 위해 설립한 정부 제도를 무기명 비밀투표를 통해 유지하는 것입니다.

가질 만한 가치가 있는 모든 것에는 정확한 값이 매겨져 있는 법입니다. 또한 자유를 열망하지 않는 사람은 없습니다. 그러므로 정직하고 애국적인 사람들과 마스터 마인드 연합을 형성하고, 자발적으로 자격 있는 사람을 공직자로 선출함으로써 이 권리를 지킬 수 있는 것입니다. 이것이 모든 사람이 맺는 마스터 마인드 연합 중에서 가장 중요하다고 말해도 결코 과장이 아닙니다.

미국의 선조들은 선거권을 통해 모든 사람의 자유를 보장해 놓았습니다. 따라서 우리도 자녀와 그 다음 세대를 위해서 그와 똑같은 일을 해야 합니다.

사교 모임

친밀한 교제가 비즈니스와 직장

생활에 얼마나 중요한지 모르는 사람은 없겠지요. 그러므로 사교활동에 능한 부인을 둔 사람이라면 매우 유리할 수 있을 겁니다. 그런 아내라면 가정과 사교활동을 남편의 귀중한 재산으로 바꿔 놓을 수 있으니까요. 남편의 직업상 친구들의 목록을 계속 늘려나갈 필요가 있다면 말이죠. 특히 직업윤리상 직접적인 광고나 자기 홍보가 금지되어 있는 사람들은 아내가 사교활동에 능하다면, 그들의 사교적인 특권을 효과적으로 이용할 수 있을 겁니다.

어느 생명보험 세일즈맨은 아내가 사업가 부인들이 만든 여러 모임에 가입한 덕으로, 일 년에 100만 달러 이상을 판매했습니다. 그 아내의 역할은 간단했습니다. 모임 회원들을 자기 집에 초대해서 즐거운 시간을 보내는 것이었는데, 때때로 그들의 남편도 함께 참석했지요. 이런 식으로 세일즈맨은 친밀한 분위기 속에서 그 남편들과 친분을 쌓게 되었던 겁니다.

한 변호사의 아내는 부유한 사업가 부인들과 친목회를 갖는 단순한 일을 통해서 미국 중서부 도시에서 가장 큰 고액의 변호 건을 남편이 맡게 해주었지요. 이렇게 가능성은 무궁무진합니다.

다양한 곳에서 다양한 사람과 친밀한 관계를 형성하다 보면, 그들과 진지한 '토론'을 나눔으로써 인생의 목표에 도달하는 데 유익한 지식을 축적할 수 있게 됩니다.

사람들이 모여서 어떤 주제를 놓고 토론에 들어가면, 자발적인 생각의 표현을 통해 모든 참가자의 정신이 풍부해집니다. 경험이나 교육 정도가 자기와 다른 사람들과 솔직하고 진지한 토론을 벌임으로써, 자신의 아이디어와 계획을 강화시키는 귀중한 양분을 얻는 것이지요.

아무리 탁월한 솜씨의 일류 작가라고 해도 독서와 개인적인 사귐을 통해 다른 사람들의 생각과 아이디어를 적용함으로써 지식의 축적을 계속 늘려가야 합니다. 또 아무리 똑똑하고 영리하며 융통성 있는 사람이라고 해도 다른 사람들에게서 계속 생각의 양분을 얻어먹어야 합니다. 그런데 다른 사람의 축적된 지식을 무시한다면 그 사람의 정신 기능은 퇴화되고 말겠지요. 이것은 내 주장이 아니라 자연법칙에 따른 결과입니다.

자연의 순리에 대해 자세히 공부를 해본다면, 곤충 같은 미물에서부터 가장 복잡한 유기체인 인간에 이르기까지 모든 생물은 계속적인 '사용'에 의해 건강을 유지하고 증진시킨다는 사실을 발견할 겁니다.

활발한 토론은 유익한 지식을 늘려준 뿐만 아니라, 정신력도 발달시키고 확장시킵니다. 학교를 마친 그날부터 공부를 중단한 사람은 설령 우수한 고등교육을 받았을망정 결코 교육받은 사람이라고 할 수 없습니다.

인생 그 자체가 위대한 학교요, 생각을 고무시키는 모든 것이자 스승이지요. 현명한 사람은 이 점을 익히 알 겁니다. 또한 그런 사람이라면 타인과 생각의 교환을 통해 자신의 마음을 더욱 발전시키겠다는 목표를 가지고 '교제'를 하루 일과로 만들어갈 겁니다.

이 정도면 마스터 마인드 원리가 실제로 적용될 수 있는 범위가 무한하다는 것을 깨달을 수 있겠지요. 이처럼 마스터 마인드란 다른 사람의 지식·경험·정신자세를 자신의 것으로 보충할 수 있는 수

단인 것입니다.

이런 생각을 너무나 적절하게 표현한 사람이 있습니다.

내가 받은 1달러의 대가로 당신에게 1달러를 준다면, 우리의 소유
는 처음 시작과 똑같게 된다. 그러나 서로 생각을 주고받는다면,
우리 각각은 투자한 생각의 100퍼센트를 결실로 거둘 수 있을 것
이다.

세상에 유익한 생각을 나누는 관계만큼 좋은 관계는 없을 겁니
다. 겉보기에 보잘것없는 사람에게서 탁월한 아이디어를 얻을 수 있
다는 것 역시 놀랍지만 사실입니다. 한 예로, 어떤 목사가 자기 교회
의 관리인에게서 목표를 달성할 수 있는 아이디어를 얻은 이야기를
들려드리지요.

그 목사의 이름은 러셀 콘웰Russell Conwell 입니다. 그는 오랫동안 대
학을 설립하겠다는 열망을 갖고 있었습니다. 그러자면 100만 달
러 이상의 거액이 필요했는데, 그는 그 문제 때문에 고심하고 있
었지요.

어느 날, 콘웰 목사는 교회 잔디를 다듬고 있던 관리인과 한담을
나누다가 문득 울타리 밖의 교회 묘지 근처에 난 풀이 울타리 안의
잔디보다 더 푸르다는 것을 깨달았습니다. 그래서 늙은 관리인에게
약간 꾸짖는 투로 한마디 했습니다.

그러자 관리인이 싱글싱글 웃으면서 이렇게 말했습니다.

"저 풀들이 훨씬 더 푸르게 보이기는 하지만, 그건 우리가 줄곧

울타리 안쪽의 풀만 보아왔기 때문입니다."

사실 그 대답에 뭔가 훌륭한 점이 있었던 것은 아닙니다. 임무를 게을리 하지 않았다는 걸 증명하려는 말이었으니까요.

그러나 그 말은 콘웰 목사의 기름진 마음 밭에 한 가지 생각의 씨앗을 심어 놓았고, 그것은 곧 그가 고민하던 문제를 해결하는 아이디어가 되었습니다. 그 후 그는 늙고 초라한 관리인의 말에서 탄생한 아이디어를 가지고 하나의 설교문을 작성했는데, 그 설교를 무려 4,000번 이상이나 하게 되었습니다. 그는 설교 제목을 '다이아몬드 밭'이라고 이름 붙였습니다.

설교의 내용은 대략 이런 것이었습니다. 기회는 먼 곳에서 찾을 필요가 없고, 단지 현재 서 있는 바로 그 위치에서 찾을 수 있다는 것이었지요. 울타리 밖의 풀이 그가 서 있던 교회 마당보다 결코 더 푸르지 않다는 사실을 깨달은 것처럼 말이지요.

그 설교는 러셀 콘웰 목사에게 600만 달러 이상의 소득을 가져다 주었습니다. 설교가 책으로 발간되어 수년간 미국 전역에서 베스트셀러가 되었던 것이지요. 그 돈은 펜실베이니아 주 필라델피아에 템플대학을 설립하고 유지하는 데 쓰였습니다. 템플대학은 미국에서 가장 큰 교육기관 중의 하나지요.

귀중한 설교를 이끌어낸 그 아이디어는 대학을 설립하는 데에만 그치지 않았습니다. 그것은 수백만 명의 사람에게 감동을 주어 자기가 처한 상황 바로 그곳에서 기회를 찾게 만들었습니다. 설교에 담긴 철학은 한 목사의 말에서 처음 유래된 이래 지금까지도 건재하고 있지요.

따라서 이 점을 기억하세요. 두뇌활동을 활발히 하는 것은 인생의 목표를 달성하거나 개인적인 문제를 해결하는 데 귀중한 아이디어 또는 아이디어의 씨앗을 획득한 수 있는 영감의 근원이 된다는 점 말입니다.

이처럼 가끔 보잘것없는 사람에게서 위대한 아이디어가 태어나기도 하지만, 대부분 마스터 마인드 관계가 성립되고 유지되는 친밀한 사람들로부터 얻을 수 있습니다.

내 일생에서 가장 유익했던 아이디어는 찰스 슈왑과 골프를 치던 어느 날 오후에 탄생했습니다. 13번째 홀을 마쳤을 때, 슈왑이 수줍은 미소를 띠며 이렇게 말하더군요.

"이번 홀에서는 제가 사장님을 세 번이나 곤경에 빠뜨렸네요. 이렇게 골프 칠 만한 자유시간을 얼마든지 가질 수 있는 아이디어가 저에게 있는데요."

나는 호기심에 무슨 아이디어냐고 물어보았지요. 그는 간단히 한 문장으로 대답했는데, 그 단어 하나하나에 약 100만 달러의 가치가 있는 엄청난 말이었습니다. 그때 슈왑은 이렇게 말했습니다.

"사장님의 철강 공장을 하나로 합병해서 월스트리트 은행가들에게 매각하는 겁니다."

나는 골프를 치는 동안은 그 문제에 대해서 더 이상 아무런 언급도 하지 않았습니다. 그런데 그날 저녁 그 제안이 다시 떠올라 곰곰이 생각해 보았지요. 잠자리에 들기 전 나는 슈왑이 던진 아이디어의 씨앗을 명확한 목표로 바꾸어 놓았습니다.

그래서 다음 주에 슈왑을 뉴욕으로 보내서 월스트리트 은행가들을 모아 놓고 연설을 하게 했습니다. 그중에는 J. P. 모건^{J. P. Morgan}도 있었지요. 연설의 요지는 U. S. 철강회사를 조직한다는 계획이었습니다. 그 후 나는 U. S. 철강회사를 통하여 나의 모든 철강 공장을 합병하고, 어느 누구보다 많은 돈을 가지고 은퇴할 수 있었습니다.

이제 내가 의도한 요점을 말해야겠군요. 내가 다른 사람들에게 새로운 아이디어를 창조하도록 격려하지 않았다면, 슈왑의 아이디어는 절대 태어나지 못했을 것이고, 나 역시 그렇게 큰 이득을 얻지 못했을 겁니다. 나는 친밀하고 정기적인 마스터 마인드 연합을 통해서 회사 구성원들에게 늘 그러한 격려를 하고는 했는데, 그중에는 슈왑도 있었던 겁니다.

다시 한 번 말하지만 교제는 정말 중요한 겁니다. 그리고 '조화'라는 말을 덧붙일 때, 교제는 훨씬 더 중요한 의미를 지니게 됩니다. 타인과의 조화로운 관계를 통해서 사람들은 아이디어를 창조하는 능력을 최대한 이용할 수 있기 때문이지요.

따라서 이런 위대한 사실을 간과하는 사람은 평생 가난과 궁핍을 벗어나지 못할 겁니다. 또한 다른 누구의 도움도 받지 않고 자신의 영향력을 세상에 널리 미치게 할 만큼 똑똑한 사람은 없습니다. 이점을 명심하면 성공을 향해 성큼 다가서게 될 겁니다.

너무나 많은 사람이 너무나 먼 곳에서 성공을 찾고 있습니다. 또한 너무나 복잡한 계획을 통해서 성공을 찾고 있습니다. 한편으로는 행운이나 '기적'을 바라면서 말입니다. 러셀 콘웰이 설교를 통해서 이 문제를 참으로 정확하게 표현해 놓았습니다. 어떤 사람들은 그들이 서 있는 울타리 밖에 난 풀이 더 푸르다고 생각하면서 매일 만나는 사람들을 통해 얻을 수 있는 아이디어와 기회, 즉 '다이아몬드 밭'을 그냥 지나쳐버린다고 말입니다.

나는 새빨간 용광로의 불꽃을 바라보다가 나의 다이아몬드 밭을 찾아냈습니다. 나는 다른 사람의 다이아몬드 밭에서 일꾼으로 남는 것보다 거대한 철강회사의 사장이 되겠다고 결심한 날을 잊지 않고 있습니다.

처음에 그 생각은 그리 명확한 것이 아니었어요. 명확한 계획이라기보다는 차라리 단순한 소망에 가까웠습니다. 그러나 내가 그것을 마음속에 새기고 내 마음을 온통 차지하도록 만들자, 마침내 내가 그 아이디어를 움직이는 대신 그 아이디어가 나를 움직이게 했습니다.

그날부터 나는 내 자신의 다이아몬드 밭을 일구기 시작했고, 명확한 목표가 그 자체를 물질적인 성과로 전환시켜 나갔지요.

이처럼 가장 중요한 점은 무엇을 원하는지를 먼저 아는 것입니다. 그 다음 중요한 점은 현재 위치한 그곳에서 다이아몬드를 채굴하기 시작하는 겁니다. 도구는 지금 갖고 있는 것 중에서 무엇이든 다 좋습니다. 오직 생각이라는 도구밖에 없어도 좋습니다. 가까이 있는 도구를 얼마나 성실하게 사용하느냐에 따라 다른 더 좋은 도구들도 마음의 준비만 한다면 얼마든지 손에 들어오게 되어 있기 때문이지요. 이때 마스터 마인드 원리를 이해하고 그것을 사용하는 사람은 전혀 모르고 있는 사람들보다 훨씬 빨리 필요한 도구를 찾게 될 겁니다.

모든 사람은 성장과 발전을 위한 양식을 위해 다른 사람과의 친근한 교제를 필요로 합니다. 그리고 인생의 명확한 목표를 가진 사람은 가장 친하게 어울릴 사람을 선택할 때 매우 신중을 기합니다. 친하게 지내는 사람들끼리는 서로 닮아간다는 사실을 잘 알고 있기 때문이지요.

자기보다 더 많이 알고 있는 사람들과 적극적으로 교제하려고 하지 않는 사람에게는 내 말이 아무런 소용이 없을 겁니다. 사람은 친하게 지내는 사람들의 수준에 맞춰서 자기보다 못하다거나, 낫다는 식으로 세상을 보는 잣대를 가지는 법이니까요.

마지막으로 샐러리맨들이 명심해야 할 것이 있습니다. 그들의 직장은 인생에서 더 나은 위치로 발전하기 위한 교육의 장이며, 그런 곳이어야 한다는 겁니다. 그 교육으로 그들은 두 가지의 보상을 받을 수 있습니다. 하나는 봉급으로 직접 받는 것이고, 또 다른 하나는 직장에서 얻는 경험으로 받습니다. 이때 가장 큰 보수는 봉급 봉투 속에 들어 있는 게 아니라, 직장에서 얻는 경험 속에 있다는 것은 너무나 자주 증명되는 사실입니다.

자기 밑에 있든 위에 있든 직장의 친한 사람들을 대하는 마음가짐이 긍정적이고 협조적이며, 보상을 생각하지 않고 일하는 습관을 따른다면 그는 두 가지 면에서 모두 확실하고 빠르게 발전해갈 수 있을 겁니다.

즉, 앞을 향해 나아가는 사람은 마스터 마인드 원리를 실용적으로 사용할 뿐만 아니라, 무보수로 일하는 원칙과 명확한 목표의 원칙을 지키는 사람이라는 것을 알 수 있습니다. 이 세 가지는 어디에서 무슨 일을 하건 성공과 떼어 놓고 생각할 수 없는 원칙들이지요.

결혼

결혼은 사람이 평생 동안 경험하는 관계 중에서 단연코 가장 중요한 관계입니다. 결혼은 경제적 · 육체적 · 정신적인 면에서 중요한 의미가 있습니다. 그 모든 요소가 연합한 관계가 결혼이기 때문이지요.

가정은 최고의 마스터 마인드 연합이 이루어져야 하는 곳이며, 배우자를 현명하게 선택한 사람은 그렇게 할 수 있을 겁니다. 또한 경제적인 감각이 뛰어난 사람이라면 아내가 자신의 마스터 마인드 그룹에서 첫 번째 구성원이 되게 할 겁니다.

가정이라는 연합에는 아내와 남편뿐만 아니라, 같은 집에서 살고 있는 다른 가족 구성원, 특히 자녀가 포함되어야 합니다.

마스터 마인드 원리는 명확한 목표를 가지고 뭉친 사람들의 정신적 힘을 행동으로 드러나게 해줍니다. 정신적인 힘은 눈으로 볼 수는 없지만 모든 힘 중에서 가장 위대한 것이지요.

배우자와 완전히 화합하고 이해하며, 공감하고 공동의 목표를 추구하고 있는 사람은 값을 매길 수 없는 귀중한 재산을 소유한 것과 같습니다. 그 재산은 인생을 두고 목표한 거대한 성공으로 이끌어줄 것이기 때문이지요.

아내와 남편 사이의 불화는 이유가 무엇이든 간에 용납될 수 없습니다. 그렇게 살아가는 사람이라면 성공하기 위한 모든 자격 요건을 갖추었다 해도 성공의 모든 기회를 망가뜨리기 때문이지요.

여성들을 위한 페이지

여성, 특히 결혼한 여성의 역할이 무엇인지 내가 몇 마디 좀 거들어도 될까요? 내가 드리는 제안을 염두에 두고 따른다면 평생 풍요롭게 사느냐, 비참하게 사느냐를 정확하게 결정짓게 될 겁니다.

아내는 다른 누구보다도 남편에게 많은 영향을 줍니다. 따라서 남편과의 관계를 잘 이용한다면 매우 좋은 영향을 끼칠 수 있지요. 남편은 수많은 여성 중에서 아내와의 결혼을 결정했습니다. 즉, 아내는 남편의 사랑과 확신을 소유한 겁니다.

사랑은 인간의 자발적인 행동을 유도하는 아홉 가지 기본 동기 중에서 첫 번째 자리를 차지합니다. 아내가 사랑의 감정을 전달함으로써 남편은 자신감을 갖고 매일 직장으로 향할 수 있는 겁니다. 그러나 '바가지'를 긁는다거나 질투·흠잡기·무관심이 사랑의 감정을 싹트게 하지는 않지요. 오히려 그 감정을 죽여 버립니다.

현명한 아내는 남편과 정기적으로 마스터 마인드 시간을 매일 가집니다. 서로의 관심사를 꺼내 놓고, 다정하게 이야기를 나누는 시간이라고 할 수 있지요. 그런 시간은 아침식사를 할 때나 잠자리에 들기 직전이 가장 좋을 겁니다.

식사시간은 아내와 남편 사이의 친근한 교제시간이 될 수 있습니다. 따라서 꼬치꼬치 캐물으며 심문하거나 흠을 잡는 시간으로 만들어서는 안 됩니다. 그보다는 가정예배를 드리고 기분 좋게 휴식을 취하거나, 부부 모두에게 흥미를 가지는 즐거운 화제를 놓고 대화를 하는 시간이어야 합니다. 그런데 문제는 다른 어떤 때보다도 오히려 식사시간에 가족 간의 불화가 터지고 있습니다. 온 식구가 식탁에 둘러앉은 귀한 시간을 의견 대립과 아이들을 야단치는 시간으로 삼기 때문이지요.

남자가 먹는 것은 심장으로 간다는 말이 있지요. 그러므로 식사시간은 아내가 남편에게 진심으로 다가갈 수 있는 좋은 기회입니다. 그러나 그런 접근은 사랑과 애정에 근거를 두어야 합니다. 남편을 괴롭히고 흠을 잡는 부정적인 습관에 근거해서는 안 되겠지요.

아내는 남편이 얼마든지 큰일을 해내도록 만들 수 있습니다. 그러려면 먼저 남편의 직업에 대해 열렬히 관심을 가져야 합니다. 남편의 직업과 관련된 모든 일에 관심을 표현할 기회가 있다면 절대 놓쳐서는 안 됩니다.

"당신은 집으로 돈을 벌어오는 사람이고, 나는 그걸 쓰는 사람이에요. 그렇지만 돈을 어떻게 벌어야 할지 같은 시시콜콜한 문제로 나를 괴롭히지 말아요. 나는 그런 일에 관심이 없으니까."

이렇게까지는 아니더라도 그와 비슷한 의미를 담은 말도 절대 입밖에 내서는 안 되겠지요. 만약 아내가 그런 태도를 보인다면 남편은 돈을 얼마나 벌어 와야 할지에 관해서는 전혀 관심이 없고, 번 돈을 전부 집으로 가져오지도 않게 될 겁니다. 현명한 부인이라면 내가 하는 말이 무슨 뜻인지 이해할 겁니다.

여자가 결혼하면 한 가정의 대주주가 됩니다. 따라서 아내가 마스터 마인드 원리를 적용하여 남편을 대한다면, 결혼생활이 지속되는 한 그녀가 원하는 만큼 계속해서 주식을 증여받을 겁니다. 또한 현명한 아내는 정해 놓은 한도 이상으로 소비하지 않도록 주의하면서 예산을 세워 가정 경제를 꾸려나갑니다. 많은 부부가 과다한 지출로 인해 불화를 겪습니다.

하지만 '가난이 앞문을 두드릴 때, 사랑이 그 뒷덜미를 잡아서 뒷문으로 내쫓아버린다'는 말은 그냥 격언에 그치는 말이 아닙니다. 사랑은 아름다운 그림처럼 예쁜 액자와 조명 같은 적당한 장식이 필요합니다.

또한 사람의 신체가 그런 것처럼 보살핌과 양분을 필요로 합니다. 사랑은 무관심·짜증·불평·억압의 땅에서는 자라지 않습니다. 사랑은 아내와 남편이 공동의 목표를 추구하는 곳에서 가장 잘 자랍니다. 이 점을 명심하는 부인이라면 남편의 인생에서 가장 영향력 있는 사람으로 영원히 남을 겁니다. 그러나 이 점을 귓전으로 스쳐 듣는다면, '그녀는 새 모델로 바꾸세요'라는 어느 자동차 회사의 광고 문구처럼 남편은 딴 생각에 빠질지도 모르지요.

남편은 생활에 필요한 돈을 벌어올 책임이 있지만, 아내는 남편이 일터에서 겪는 충격과 저항감을 완화시킬 책임이 있습니다.

가정이란 남편이 사업이나 직업상 근심거리를 풀어버리고, 아내가 제공하는 사랑과 애정과 이해를 충만히 누리는 곳이라는 점을 아내들은 유념해야 합니다. 이런 원칙을 지키는 아내라면 현자賢者처럼 현명한 것이고, 여왕만큼 부유해질 겁니다.

나는 또한 아이들에게 모든 애정을 다 쏟음으로써 남편에게 소홀히 하지 말 것을 경고하고 싶군요. 그런 실수로 인해 많은 가정에 금이 가는 것이고, 아이들에게만 관심을 기울이는 실수를 저지르지 않도록 주의하지 않는다면 그렇게 되는 건 불을 보듯 뻔합니다.

제대로 된 아내의 사랑은 남편과 아이들 모두에게 줄 만큼 충분한 것이어야 합니다. 남편이나 아이들 중 어느 한쪽에 치우치지 않고, 골고루 충분한 애정을 주어야만 행복한 아내라고 할 수 있을 겁니다.

사랑을 바탕으로 가정의 마스터 마인드 관계가 원만히 이루어지는 곳에서는 재정적인 문제가 불화의 원인이 되지 않습니다. 사랑은 모든 장애물과 역경을 극복하는 수단이기 때문이지요.

가족 문제는 어느 가정에서나 일어날 수 있지만 사랑은 그 모든 문제를 해결할 수 있습니다. 사랑의 빛을 계속 밝게 비추다 보면 우리가 가장 원하는 대로 모든 일이 자리를 잡아갈 겁니다. 내가 우리 가족과 살아온 그대로 말씀드린 것이므로 내 충고를 믿으셔도 좋습니다. 따라서 내가 물질적인 성공을 얼마나 거둬들였든지 간에 그것은 모두 화목한 가정 덕분이었음을 진심으로 말씀드리고 싶습니다.

카네기의 솔직한 고백은 그의 재산이 5억 달러 이상이라는 점을 생각해보면 참으로 인상적이다. 그는 거대한 재산을 이루어 냈지만, 카네기 부부를 잘 아는 사람이라면 이 사실을 잘 알고 있을 것이다. 미세스 카네기가 그를 만들었다고!

막후에는
여인이 있다

가정의 마스터 마인드를 통해 성공을 거둔 사례는 앤드류 카네기만이 아니다.

말년의 토머스 에디슨은 아내가 자기 영감의 주요 원천이라고 스스럼없이 고백했다. 그들은 매일 마스터 마인드 만남을 가졌는데, 보통 에디슨이 하루 일을 마치고 난 다음이었다. 그런 만남의 시간에는 어느 누구도 감히 끼어들 수 없었는데, 에디슨의 아내는 특히 그 점에 유념했다. 남편의 모든 실험 작업에 열렬히 관심을 표하는 일이 남편에게 얼마나 큰 가치가 있는지를 잘 알고 있었던 것이다.

에디슨은 밤늦게까지 일할 때가 많았지만, 아내는 남편이 귀가할 때까지 기다렸다가 그날 있었던 실험의 성공과 실패에 대해 주의 깊게 경청했다. 그녀는 남편이 실시한 모든 실험 내용을 잘 알고 있었고, 언제나 큰 관심을 보였다.

그녀는 에디슨에게 있어서 일종의 '공명판共鳴板' 구실을 했고, 그럼으로써 그는 자신의 작업을 또 다른 시각으로 볼 수 있었다. 실제로 수많은 난제 중에서 아내가 연결고리를 찾아낸 적이 여러 번 있었다고 전해진다.

에디슨처럼 위대한 발명가에게 마스터 마인드 관계가 그렇게 중요한 가치를 갖고 있었다면, 성공을 열망하는 당신도 그런 관계를 형성하도록 노력해야 할 것이다.

또한 사랑과 낭만의 왕자님은 모든 위대한 지도자의 인생에서 중요한 역할을 담당했다.

로버트 브라우닝과 엘리자베스 브라우닝의 사랑 이야기는, 눈에 보이지는 않지만 그들이 인정하고 존중했던 존재들이 그토록 위대한 문학 작품이 탄생하는 데 큰 몫을 담당했다는 충분한 증거라고 할 수 있다.

필라델피아의 '백화점 왕' 존 워너메이커John Wanamaker는 수천 명의 사람에게 무일푼에서 시작해 부와 명예를 거머쥔 것은 모두 아내의 공이라고 털어놓았다. 마스터 마인드 만남은 잠자리에 들기 직전, 매일 밤 실천하는 하루 일과였다.

역사는 나폴레옹 보나파르트가 막강한 군사력을 휘두르기까지 첫 아내 조세핀의 영향이 컸다고 전한다. 나폴레옹의 군사적인 성공은 권력을 이용해 조세핀을 내몰자 쇠약해지기 시작했으며, 전쟁에 패배하고 세인트 헬레나 섬으로 유배된 것도 그녀를 내친 후에 일어났다.

현대 재계의 수많은 거두가 나폴레옹처럼 똑같은 이유로 똑같은 종류의 패배를 맛보았다. 남자들은 권력과 부와 명예를 획득하기까지는 아내와 마스터 마인드 관계를 유지하는데, 그런 다음 앤드류 카네기가 표현한 대로 '그녀를 새 모델로 바꾸는' 경우가 종종 있다.

그러나 찰스 슈왑은 그들과 달랐다. 그는 앤드류 카네기와 마스터 마인드 연합을 통해서 부와 명예를 거둬들였을 뿐 아니라, 아내와도 그러한 관계를 통해 도움을 받았다. 슈왑의 아내는 결혼생활 대부분을 환자로 지냈다. 하지만 슈왑은 아내를 멀리하지 않았으며, 죽을 때까지 그녀의 곁을 지켰다. 성실성이야말로 건전한 성격의 첫 번째 필수조건이라고 믿었기 때문이다.

성실성

　　　　　　　　사업상 마스터 마인드 관계에 있
다 해도 성실성이 결여되면 사업을 실패로 몰고 가는 빈번한 이유가
된다.

앤드류 카네기가 관리직으로 승진을 원하는 직원들에게 기대하
는 첫 번째 조건은 성실성이었다고 한다. 그는 성실성이 결여된 사
람은 다른 면에서도 건전한 성격의 토대가 되어 있지 않을 것이라고
자주 말했다.

카네기가 성실성을 테스트하는 방법은 정교하고도 다양했다. 또
한 테스트는 승진하기 전은 물론, 성실성에 대해 의심의 여지가 남
지 않을 때까지 계속되었다. 카네기가 사람을 파악하는 능력은 참으
로 대단해서 성실성 테스트에서 실수한 적은 거의 없었다.

따라서 마스터 마인드 연합의 목적을 외부 사람들에게는 알리지
말고, 당신이 속한 연합 구성원들도 그런 행동을 삼간다는 것을 명
심하라. 나태하고 조롱하고 시기하는 사람들이 자기보다 뛰어난 사
람들의 기를 꺾어버릴 기회를 호시탐탐 노리기 때문이다.

그러므로 당신의 계획이 행동으로 드러나거나 성취될 때까지는
그것을 비밀로 함으로써 함정에 빠지지 않도록 해야 한다. 또 부정

적인 마음가짐으로 마스터 마인드 모임에 참석하지 말아야 한다.

이때 마스터 마인드 그룹의 리더라면, 구성원들에게 높은 관심과 의욕을 불러일으키는 책임을 져야 한다. 하지만 부정적인 태도로는 그런 일을 결코 해낼 수 없다.

더구나 의심하고 우유부단한 경향이 있거나 명확한 목표에 대해 신뢰도가 부족한 사람이라면 아무도 따르지 않을 것이다. 자신의 열정과 의욕을 먼저 높이 설정함으로써 마스터 마인드 연합 역시 그렇게 되도록 해야 한다.

또한 마스터 마인드 연합의 각 구성원이 자신의 성공에 기여한 정도에 따라 한두 가지 형식으로 적절한 보상을 받는다는 점을 꼭 유념해야 한다. 아무런 이득도 없이 열정을 갖고 뛰어들 사람은 없기 때문이다. 따라서 모든 자발적인 행동을 유도하는 아홉 가지 기본 동기를 숙지하고, 자신의 마스터 마인드 연합 구성원이 성실성·열정·자신감을 갖도록 적절한 동기를 부여하라.

특히 금전적인 획득을 열망하는 동기에 의해 마스터 마인드 연합에 관여하고 있다면, 당신은 무보수로 일하는 원칙에 따라 받는 것보다 많이 주어야 한다. 그런 습관을 최대한 이용하고 싶다면 그렇게 하도록 요구받기 전에 먼저 자발적으로 실천하라.

마스터 마인드 연합 속에서는 경쟁이 필요 없다. 서로 경쟁을 하지 않으므로 적대감을 가질 이유가 전혀 없는 로터리 클럽의 방식을 따라야 한다. 그리고 당신의 마스터 마인드 그룹을 강압적으로 지배하려 하지 말고, 성실성과 협력을 향한 명확한 동기에 근거한 외교술로 리더십을 유지해야 한다. 힘으로 이끄는 리더십의 시대는 이미 지나갔다. 문명화된 세상에서 그런 지도자는 더 이상 설자리가 없는 것이다.

당신이 속한 마스터 마인드 연합 속에 든든한 동료애가 형성되면, 친근한 팀워크를 통해 다른 식으로는 얻을 수 없는 힘을 얻을 수 있다.

인류 역사상 가장 강력한 마스터 마인드 연합은 제2차 세계대전 동안 미국에서 결성되었다. 그 지도자들은 전 세계에 그들의 명확한 주요 목표는 세계의 모든 사람, 즉 승자이든 패자이든 인간다운 자유를 확보하고 실현시켜주고자 함임을 선포했다.

그 선포는 전쟁터에서 천 번의 승리를 거둔 것과 맞먹는 값어치가 있었다. 왜냐하면 전쟁 이후 상처받은 사람들의 마음속에 자신감을 심어주는 효과를 발휘했기 때문이다. 자신감이 없으면 마스터 마인드 관계가 될 수 없다. 전쟁을 치르든 무슨 상황이든 마찬가지다. 자신감은 모든 조화로운 관계의 토대가 된다. 당신이 마스터 마인드 연합을 조직해서 충분한 이익을 얻고 싶다면 이 점을 꼭 기억하라.

지금까지 당신에게 모든 힘의 근원 중에서 가장 뛰어난 원리, 즉 마스터 마인드 원리의 효과에 대해 이야기했다.

성공철학의 열일곱 가지 원칙 중에서 지금까지 설명한 세 가지, 즉 보상을 생각하지 않고 일하는 습관, 명확한 목표, 마스터 마인드, 그리고 다음에 나올 원칙들을 조합함으로써 '부의 문을 열어주는 마스터키'에 대한 단서를 얻을 수 있을 것이다.

다음 장에 나오는 원칙은 당신의 인생에서 가장 중요한 전환점을 찍게 할 것이다. 그리고 전 세계의 과학자들도 분석하지 못했던 힘에 대해 완벽하게 이해시켜줄 것이다. 또한 당신이 인생의 목표를 성취하는 데 그 힘을 적용하고 사용할 수 있는 방법까지 알려줄 것이다.

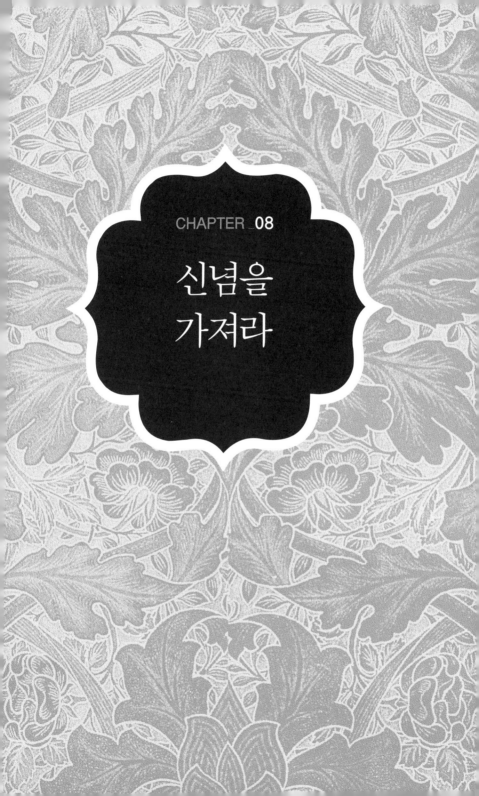

CHAPTER _08

신념을
가져라

신념은 자기 속에서부터 나오는 안내자와 같다.
명확한 목표를 향해 우주의 무한한 지혜에서 힘을 얻어 인도하는 것이다.
즉, 원하는 것을 가져다주는 게 아니라, 원하는 대상에 도달하도록 안내하는 것이다.

신념을
가져라

신념은 완벽하게 준비된 마음, 즉 자제력이 지배하는 마음만을 방문하는 귀한 왕실 손님이다. 모든 왕족 인사 중에서 신념만이 가장 좋은 스위트룸을 차지한다. 정갈한 그 방은 오직 정신세계를 위해 마련되어 있다. 또한 절대 하인의 숙소로 전락될 염려도 없다. 즉, 질투·탐욕·미신·증오·복수·허영심·의심·불안이나 공포와는 아무런 연관이 없다.

이러한 사실을 당신이 진심으로 받아들인다면 오랜 세월 과학자들이 해답을 얻지 못한 신비로운 힘, 곧 신념을 제대로 이해할 수 있을 것이다. 또한 신념이라는 손님을 맞기 전에 자제력을 통해 먼저 마음을 다스려야 한다는 것도 깨달을 것이다.

철학자 에머슨이 한 말을 떠올려보자.

"모든 사람에게는 내가 배울 점이 하나씩은 꼭 있기 때문에 나는 그들의 학생이다."

이제 그의 일화를 통해 신념을 위해 마음을 어떻게 다스려야 하는지 보여주고자 한다. 그가 남긴 이야기는 다음과 같다.

1929년에 시작된 대공황 때 나는 명문 하드 녹스대학에서 대학원 과정을 밟고 있었다. 바로 그 무렵, 나는 소유하고 있으면서도 전혀 사용하지 않는 숨겨진 재산이 있다는 것을 깨달았다.

거래하던 은행이 파산했다는 소식을 접한 어느 날 아침이었다. 그때부터 나는 보이지도 않고, 써보지도 않은 재산이 무엇인지 목록을 만들기 시작했다. 그 목록 중에서 가장 중요한 항목은 사용하지 않은 '신념'이었다. 내 마음속 깊은 곳을 들여다보자, 금전적인 상실에도 불구하고 우주의 무한한 지혜와 친구들에 대한 풍부한 신뢰가 남아 있다는 것을 알게 된 것이다.

그 사실과 함께 더욱 중요한 발견을 하였는데, 신념은 온 세상의 돈을 모은다 해도 불가능한 일을 해낼 수 있다는 것이었다. 쓰고 싶은 만큼 충분히 돈을 갖고 있던 시절, 나는 돈이 영원한 힘의 원천이라고 믿는 끔찍한 실수를 저질렀다. 그러나 신념의 가치를 깨달은 후, 신념 없이 벌어들인 돈은 어떤 힘도 발휘할 수 없는 무의미한 물질이라고 믿게 되었다.

또한 생애 최초로 끈질긴 신념이 가진 엄청난 힘을 깨달은 후, 내가 그런 재산을 얼마나 갖고 있는지 꼼꼼하게 조사해보았다. 그 결과는 놀랍고도 만족스러운 것이었다. 내가 신념에 대해 조사를 벌인

곳은 숲 속이었다. 당시 나는 붐비는 도시, 문명 세계의 소음, 사람에 대한 공포로부터 멀리 떨어져 조용히 명상에 잠기고 싶었다.

나는 숲 속에서 한동안 명상에 잠겨 있었다. 온 세상이 '정적' 속에 잠겼을 때의 만족감은 이루 말할 수 없었다. 이윽고 숲 속을 돌아다니던 나는 우연히 도토리 한 알을 주웠는데, 거대한 참나무에서 떨어진 도토리는 그 뿌리 근처에 박혀 있었다. 나무의 크기가 얼마나 우람했던지 조지 워싱턴이 어렸을 때도 꽤 큰 나무였을 것 같았다. 거대한 참나무 밑에 서서 그것의 작은 후손을 손에 넣고 들여다보다가 나는 문득 이런 생각이 떠올랐다.

'이 큰 나무도 작은 도토리에서 성장했겠지. 한 사람이 평생 키운다 해도 이만 한 크기로 키워낼 수 없을 거야.'

순간 보이지 않는 힘의 한 형태가 나무에 도토리를 열리게 하고, 땅에 떨어뜨려 싹트게 하고, 지면을 뚫고 나오게 하여 하늘을 향해 성장하게 한다는 느낌이 들었다. 그리고 가장 위대한 힘은 눈에 보이지 않는 힘이며, 은행 예금이나 물질적인 것과는 다르다는 것을 깨달았다.

나는 거대한 참나무 뿌리에서 양치류도 조금 뜯어보았다. 그 잎들은 아름답게 디자인되어 있었다. 나는 양치류 역시 참나무를 만든 것과 같은 힘에 의해 만들어졌다는 것을 알았다.

산보를 계속하던 나는 반짝이며 흐르는 맑은 시냇물을 발견했다. 그때쯤 피곤했기 때문에 시냇가에 앉아 쉬면서 바다를 향해 마치 춤을 추며 흘러가는 듯한 리드미컬한 물소리를 들었다. 그러자 비슷한 시냇가에서 놀았던 어린 시절의 기억이 떠올랐다. 음악 같은 물소리를 감상하면서 나는 다시 보이지 않는 힘의 존재를 느꼈는데, 그것이 내 속에서부터 말을 걸어와 물의 역사를 들려주기 시작했다.

'물! 반짝이는 순수한 물이여, 인간과 모든 짐승과 초목의 고향. 물! 아, 네가 인간의 언어를 할 줄 안다면 얼마든지 너희들의 역사를 이야기해줄 수 있겠지. 너는 속세의 수많은 나그네에게 갈증을 풀어주었고, 꽃을 자라게 했고, 증기로 확장되어 인간이 만든 기계의 동력이 되어주었으며, 다시 액화液化되어 원래의 형태로 돌아가지. 너는 하수관을 청소하고, 도로를 말끔하게 씻기고, 인간과 짐승에게 끝없이 봉사하며, 언제나 너의 근원인 바다로 돌아가서 거기에서 정화되어 다시 봉사의 여정을 시작하지. 오직 한 방향, 네가 나온 바다를 향해 너는 움직일 뿐이구나. 너는 끊임없이 왔다가지만 언제나 그런 일에 만족하는 것 같구나. 물! 깨끗하고 순수하며 반짝이는 물질. 아무리 많은 오물이 너를 더럽힌다 해도 너는 네 스스로 정화될 줄을 아는구나. 물! 너는 창조될 수도 파괴될 수도 없이 언제나 처음 그대로 한결같지. 그리고 너는 모든 생물과 한 몸이나 마찬가지야. 네가 베푸는 선행 없이는 어떤 생명도 지상에서는 존재할 수 없으니까!'

시냇물이 잔물결치고 재깔거리며 바다로 흘러가고 있었다. 물에 대한 이야기는 끝이 났지만, 나는 큰 교훈을 얻었다. 즉, 모든 형식의 지혜 중에서도 가장 위대한 지혜와 접할 수 있었던 것이다. 작은 도토리에서 거대한 참나무를 만들어내고, 어떤 인간도 흉내 낼 수 없는 솜씨로 양치류 잎을 디자인한 그 힘을 접한 것이다.

나무 그늘이 깊어지고, 날이 저물려 하고 있었다. 태양이 천천히

서쪽 지평선 너머로 기울기 시작하자, 나는 태양도 역시 내가 얻은 놀라운 교훈 중의 한 부분을 차지하고 있다는 것을 깨달았다. 태양의 은혜로운 도움 없이 도토리가 참나무로 변하는 일 따위는 일어날 수 없다. 또 태양의 도움 없이는 반짝이며 흘러가는 시냇물은 영원히 바다 속에 갇혀 있을 것이고, 지상의 생물은 결코 존재할 수 없다.

이러한 생각들은 내가 얻은 교훈 중에서 아름다운 핵심이었다. 태양과 물과 지상의 모든 생물 사이의 낭만적인 관계를 깨닫고 나자, 다른 모든 낭만은 무의미하게 여겨졌다. 나는 흐르는 시냇물에 깨끗이 씻긴 작은 조약돌을 집어 들었다. 그것을 손에 쥐자, 한층 더 감동적인 교훈이 내 속에서부터 들려왔다.

'인간이여, 네 손에 쥐고 있는 기적을 보라. 나는 돌멩이일 뿐이지만 사실은 작은 우주란다. 그 속에는 저 멀리 네가 별들 속에서 찾아볼 수 있는 모든 것이 다 들어 있거든. 나는 죽어 있고 꼼짝도 할 수 없는 것처럼 보이지만, 그런 겉모양은 진실이 아냐. 나는 분자로 이루어져 있고, 내 분자들 속에는 무수한 원자가 들어 있는데, 그것들 하나하나도 모두 작은 우주란다. 그 원자 속에는 무수한 전자가 상상할 수 없는 속도로 끊임없이 움직이고 있지. 나는 겉모양은 딱딱하지만 생명 없는 돌덩어리가 아니고, 무수한 에너지 단위로 이루어진 유기적인 모임이야. 오, 속세의 나그네여, 내가 얻은 교훈에 주의를 기울이고, 우주의 위대한 힘은 보이지 않는 데 있다는 걸 깨달아라. 생명의 가치는 은행 예금 따위로 불어날 수 있는 가치가 아니라는 사실을……'

숲 속에서의 명상은 작은 조약돌조차도 그 안에 법과 질서를 간직하고 있다는 아름다운 사실을 내게 알려주었다. 작은 조약돌 속에 낭만과 자연의 진실이 조합되어 있다는 것을 깨닫게 된 것이다. 나는 자연의 법과 질서, 목적의 중요성에 대해서 예전에는 그렇게 세밀하게 느껴본 적이 없었다. 우주의 무한한 지혜에 대해서도 예전에는 그렇게 밀접한 신뢰를 가져보지 못했다.

나무와 흐르는 시냇물을 바라보며 내 지친 영혼이 잠시나마 조용한 휴식을 취할 수 있었던 것은 아름다운 경험이었다. 우주의 무한한 지혜가 내게 들려주는 이야기에 귀를 기울이고 보고 느낄 수 있었으니 말이다.

지금껏 살아오면서 내 신념의 근원인 무한한 우주의 지혜를 그때처럼 강렬하게 느껴본 적이 없었다. 어느덧 밤하늘에 별이 반짝일 때까지 나는 새로 발견한 낙원에 머무르다가 마지못해 도시를 향해 발걸음을 옮겼다. 필요하지도 않은 물질을 끌어 모으느라 미친 듯이 싸움을 벌이는, 가혹한 문명의 법칙에 노예처럼 혹사당하는 사람들과 다시 어울리기 위해서.

이윽고 나는 책과 씨름하러 학교로 돌아갔다. 그리고 타자기로 내가 경험한 이야기를 기록했다. 불과 몇 시간 전 숲 속 시냇가에서 보낸 평온하고 고요한 시간이 그리워졌지만 그렇다고 괴롭지는 않았다.

우주의 무한한 지혜에 대한 내 믿음은 절대 변치 않을 것이다. 그건 내 스스로 자연의 진리를 답사하고 난 결과이기 때문에 맹목적인 믿음도 아니다.

사실 나는 그동안 잘못된 방향에서 내 신념의 근원을 찾고 있었다. 사람의 행동, 즉 인간관계나 은행 예금, 물질적인 것에서 찾고 있었던 것이다. 이제 나는 그것을 도토리와 거대한 참나무, 작은 조약돌과 양치류의 잎, 흙, 대지를 덥히고 물을 순환하게 하는 태양, 적막한 밤하늘에 떠 있는 별 속에서 찾아냈다. 이렇듯 우주의 무한한 지혜는 물질을 끌어 모으는 데 미친 듯이 매진하는 것보다는 고요한 묵상을 통해 쉽게 다가온다는 것을 꼭 밝혀두고 싶다.

나의 은행계좌는 말소되었고, 거래하던 은행은 파산했지만 나는 세상의 모든 백만장자보다 부유하다. 신념으로 가는 지름길을 찾았기 때문이다. 내 안에 있는 이 힘을 가지고 나는 또 다른 은행 예금을 얼마든지 만들어갈 수 있다. 내 속에서부터 고무되어 나오는 힘에 의지하기 때문에 나는 모든 백만장자보다 부자다. 많은 사람이 은행 예금과 주식 시세에 골몰하는 것과는 정반대인 것이다.

내 힘의 근원은 내가 숨 쉬는 공기처럼 자유롭고 무한하다. 그것을 사용하려면 나는 풍부한 나의 신념에 의지하기만 하면 된다. 모든 역경에는 그에 상응하는 대가가 있다는 진리를 나는 다시 한 번 깨우쳤다. 은행 예금을 몽땅 날려버렸지만, 그 결과 모든 부를 획득할 수 있는 수단을 깨달음으로써 그 역경에 대한 보상을 받아낸 것이다.

부정적인 마음을 제거하면
신념이 찾아온다

앞의 일화는 참으로 드라마틱한 이야기다. 단순하기 때문에 드라마틱한 것이다. 그는 은행 예금이나 물질적인 부를 통해서가 아니라 참나무의 씨앗, 양치류의 잎, 작은 조약돌, 흐르는 시냇물, 즉 모든 사람이 관찰하고 감상할 수 있는 대상을 통해서 끈질긴 신념을 위한 기본 토대를 찾은 것이다.

또한 그는 단순한 대상을 관찰함으로써 가장 위대한 힘은 우리 주변을 둘러싼 단순함 속에서 다가오는, 보이지 않는 힘이라는 사실을 깨달은 것이다. 따라서 크나큰 역경과 난관에 봉착했을 때조차 마음을 비우고 신념을 강화시킬 수 있다는 사실을 강조하고자 그의 이야기를 당신에게 소개해보았다.

이 이야기에서 밝혀진 가장 중요한 사실은 다음과 같다.

마음에서 부정적인 자세를 제거하고 나면, 신념의 힘은 그 자리를 비집고 들어와 점령을 시작한다.

이제 신념에 대해 분석해보기로 하자. 온 세계의 과학자들이 연구를 시도했다가 실패한 힘이라는 것은 앞에서 언급했으므로 충분히 알 줄로 믿는다.

개인의 성공과 관련해서 신념의 중요성이 강조되기는 하지만, 본질상 '4차원'에 가깝기 때문에 성공철학의 열일곱 가지 원칙에서

네 번째 자리에 부여해 놓았다. 신념은 마음에 간직한 목표, 열망 등이 물리적 · 금전적인 결과로 전환될 수 있는 '영혼의 원동력'이라고 할 수 있다.

우리는 앞에서 보상을 생각하지 않고 일하는 습관, 명확한 목표, 마스터 마인드를 적용하여 큰 능력을 얻을 수 있음을 살펴보았다. 그러나 그런 능력은 신념이라는 마음가짐을 그 원칙들과 결부시켜 사용함으로써 얻어내는 능력과 비교하자면 참으로 미약하다고 볼 수 있다.

신념의 힘이 인생의 열두 가지 재산 중에 하나라는 사실은 이미 알 것이다. 이제 그런 능력이 인류에게 어떤 성과를 가져다주었는지 알아보기로 하자.

이 분석을 시작하기 전에 먼저 신념은 마음을 완벽하게 컨트롤할 줄 아는 사람들만 누릴 수 있는 마음가짐이라는 것을 다시 한 번 기억했으면 한다. 마음가짐이란 사람이 완벽하게 컨트롤 해낼 수 있는 유일무이한 특권이다.

신념의 열 가지 기본 요소

1. 당사자의 적극성이나 행동이 수반된 명확한 목표
2. 보상을 생각하지 않고 일하는 습관
3. 신념에 근거하여 용기를 발휘하고, 이타적인 봉사에 눈을 돌릴 줄 아는 사람 한 명 이상과 마스터 마인드 연합
4. 두려움 · 질투 · 탐욕 · 의심 · 증오 · 미신 같은 모든 부정적인 면에서 자유로운 긍정적인 정신자세(긍정적인 정신자세는 인생

의 열두 가지 재산 중에서 가장 첫 번째 항목이며, 가장 중요하다)

5. 모든 역경은 그에 상응하는 대가가 있다는 진리, 즉 일시적인 좌절은 있어도 실패는 없다는 진리의 인정

6. 인생의 명확한 목표를 적어도 하루에 한 번 묵상을 통해 확인하는 습관

7. 우주에 질서를 부여하는 무한한 지혜의 소유자가 있다고 인정하는 자세

8. 과거의 실패와 역경에 대한 자세한 목록(모든 경험은 그에 상응하는 대가가 있다는 진리를 깨닫게 할 것이다)

9. 양심을 지킴으로써 표현되는 자존심

10. 모든 사람은 평등하다고 인정하는 자세

이러한 요소들은 신념을 위한 마음가짐을 다지는 데 매우 중요한 요소들이다. 그런 요소를 실천할 때 특별한 능력이 요구되지는 않지만, 진리와 정의에 대한 열망과 지혜가 필수적이다.

신념은 오직 긍정적인 마음하고만 친하게 어울린다.

신념은 능력과 영감을 고무시키고, 긍정적인 정신자세를 행동으로 옮기게 하는 원동력이다. 즉, 긍정적인 마음이 '전자석' 역할을 하게 함으로써 생각한 바를 반드시 실천에 옮기도록 끌어당기는 것이다.

신념은 마음에 풍부한 자원을 부여해서 마음이 '무엇이든 반드시 이용' 하게 만든다. 또한 어떤 상황에 처해 있든지 목표를 달성할 수 있는 유리한 기회를 포착하여 실패와 좌절에 상응하는 성공의 대가

를 얻을 때까지 계속 제공한다.

신념은 사람으로 하여금 자연의 비밀을 깊숙이 꿰뚫어보고, 모든 자연법칙 속에 드러나는 자연의 언어를 이해하게 해준다. 그럼으로써 인류에게 유익한 위대한 발명품들이 탄생할 수 있었다.

신념은 사람이 생각하고 믿을 수 있는 것은 모두 성취할 수 있게 만든다.

토머스 에디슨은 실용적인 백열전등을 완성할 수 있다고 굳게 믿었고, 무려 만 번 이상이나 실패했지만 신념을 굽히지 않은 결과, 마침내 그렇게도 염원했던 발명품을 성공시킬 수 있었다. 마르코니는 에테르 에너지가 전선電線 없이도 소리의 진동을 운반할 수 있다고 믿었다. 그의 신념은 엄청난 실패를 거듭한 끝에 마침내 성공으로 보상받을 수 있었다.

크리스토퍼 콜럼버스는 지구가 둥글기 때문에 지도에 나와 있지 않은 신대륙을 발견할 수 있다고 믿었다. 그래서 그는 자신을 믿지 않는 선원들이 반란을 일으켰음에도 항해를 계속해 마침내 신념의 승리를 맛보았다.

헬렌 켈러는 말하고 듣는 능력은 물론 시력까지 잃었지만, 말하는 것을 배울 수 있다고 믿었다. 그녀의 신념은 말하는 능력을 회복시켰고, 듣지 못하는 대신 손으로 느끼는 감각을 가져다주었다. 그리하여 신념은 인간이 소망을 실현시킬 수 있는 방법을 찾아준다는 사실을 증명해냈다.

따라서 당신이 신념을 가지고 싶다면, 먼저 무엇을 원하는지부터 결정해야 한다. 또한 신념이란 명확한 목표가 밖으로 표출된 것이므로, '대충 쓸어 덮는' 식의 신념은 존재하지 않는다는 점을 명심하라.

신념은 자기 속에서부터 나오는 안내자와 같다. 명확한 목표를 향해 우주의 무한한 지혜에서 힘을 얻어 인도하는 것이다. 즉, 원하는 것을 가져다주는 게 아니라, 원하는 대상에 도달하도록 안내하는 것이다.

신념을 강화시키는 14단계

1. 먼저 자신이 무엇을 원하는지 파악하고, 그 대가로 무엇을 주어야 할 것인지 결정한다.

2. 열망하는 대상을 확실히 결정했다면, 기도하라. 그럼으로써 이미 그 대상을 성취했다고 상상하고, 정말 실제로 그렇게 된 것처럼 똑같이 행동한다(무엇을 소유한다는 것은 정신적인 면, 즉 마음속에서 제일 먼저 일어난다).

3. 자기 속에서 나오는 안내의 소리를 듣기 위해 항상 마음을 열어 둔다. 그리하여 계획을 수정하거나 아예 바꿔버리도록 '육감'이 작용한다면, 주저하거나 의심하지 말고 그렇게 한다.

4. 일시적인 패배를 당했을 때 - 물론 여러 번 겪게 되어 있지만 - 좌절하지 말라. 사람의 신념은 여러 면에서 테스트를 받으며, 지금 당한 패배는 '테스트 과정' 중의 하나일 뿐임을 명심해야 한다. 다시 말해 패배한 경험을 통해 더 노력하라는 교훈으로 받아들이고, 꼭 성공하겠다는 믿음을 굽히지 않는다.

5. 부정적인 마음가짐은 신념의 능력을 파괴한다. 마음가짐에 모

든 것이 달려 있다. 그러므로 마음을 장악하고 신념과 친하지 않은, 원치 않는 방해꾼을 완벽하게 제거한다. 또한 그런 상태를 유지하도록 항상 노력한다.

6. 명확한 인생 목표를 정확하게 글로 적고, 그것을 가지고 매일 묵상한다.

7. 명확한 인생 목표를 '인간의 자발적인 행동을 유도하는 아홉 가지 기본 동기'와 가능하면 많이 연관시켜 적용한다.

8. 인생의 목표에 도달함으로써 얻을 수 있을 이득에 대해 목록을 만들어본다. 그리고 그것을 매일 여러 번 마음에 떠올리고 새김으로써, 마음을 '성공 의식'으로 가득 채운다(이것을 가리켜 흔히 자기 암시라고 한다).

9. 평소 친밀하게 지내는 사람 중에서 자신의 명확한 목표에 공감하는 사람들과 가능하면 많이 접촉한다. 또한 그들로 하여금 모든 방법을 동원해서 용기를 불어넣어달라고 부탁한다.

10. 인생 목표의 도달을 향해 적어도 하루에 한 번 명확한 실천을 하지 않고는 단 하루도 그냥 지나치지 말라. '일하지 않는 신념은 죽은 것'이라는 점을 항상 명심한다.

11. 자수성가한 사람들을 골라서 자신의 '모범'으로 삼고, 그런 사람들을 따라잡는 것뿐만 아니라 능가하겠다고 결심한다. 그러나 이런 결심은 누군가에게 말하지 말고 조용히 마음속에 품고 있어야 한다(쓸데없는 자랑은 자신의 성공에 치명적으로 작용한다. 신념은 허영심이나 자기애와는 아무런 관련이 없다).

12. 책, 그림, 벽보, 기타 신념에 바탕을 둔 독립심을 암시하는 물건들로 주변을 가득 채운다. 그럼으로써 번영과 성공의 분위기 속에 파묻혀 지낸다.

13. 불쾌한 상황으로부터 달아나거나 기피하려고 하지 말고, 그런 상황을 인정하고 용감하게 맞부딪쳐 보라. 그런 상황을 두려워하지 않고 받아들이면 십중팔구 이미 이겨 놓은 싸움이다.

14. 원할 만한 가치가 있는 것이라면 모두 정확한 값이 매겨져 있다는 진리를 인정한다. 신념의 값은 여기에 제시한 지시사항을 실천한 자에게만 제값을 한다. 따라서 끈기가 있어야 한다.

이 지시사항을 따르면 신념이 거주하고 있는 유일한 대상, 즉 긍정적인 정신자세를 계속 발전시켜 나갈 수 있다. 다시 말해 물질적인 면과 정신적인 면 모두에서 부를 성취할 수 있을 것이다.

신념으로 성공을 거둔 사람들

앞에서와 같은 정신적인 양식을 마음에 먹이면, 보상을 생각하지 않고 일하는 습관을 쉽게 받아들일 수 있다. 그리고 반드시 이루겠다는 확신을 갖고 목표를 세울 수 있다.

에머슨은 이렇게 말했다.

"모든 사람은 자신의 생각 속에 모든 열쇠를 갖고 있다."

맞는 말이다. 모든 사람의 오늘은 어제 생각한 결과다.

제임스 힐의 머릿속은 늘 한결같은 생각으로 가득 차 있었다. 그 것은 거대한 대륙 간 철도를 통해 불모의 땅인 미국 서부의 광활한 자원을 개발하겠다는 포부였다.

그러나 그는 가진 돈이 없었다. 영향력 있는 친구도 없었다. 명성을 거둘 만한 전력을 쌓은 적도 없었다. 하지만 그는 신념, 즉 '불가능이란 없다'는 강한 믿음을 갖고 있었다.

제임스 힐은 먼저 명확한 목표를 세부사항과 함께 글로 정리했다. 그런 다음 미국 지도 위에 그가 생각하고 있는 철도 코스를 그어놓았다. 그러고는 그 지도를 베개 밑에 넣고 잠을 잤고, 어디를 가든지 항상 지니고 다녔다. 그는 '꿈'을 이루겠다는 열망으로 자신의 마음을 살찌웠으며, 마침내 그 꿈을 현실로 만들었다.

시카고에 대형 화재가 발생해 시내 중심가가 폐허가 된 일이 있었다. 다음 날 아침, 마셜 필드는 자신의 가게가 있던 자리에 가보았다. 그곳에는 마셜 필드처럼 가게를 날려버린 다른 상인들이 망연자실한 얼굴로 모여 있었다. 필드는 그들이 말하는 소리에 귀를 기울여보았다. 많은 사람이 희망을 잃고, 먼 서부로 옮겨가 새로 시작하기로 이미 결심했다는 것을 알게 되었다.

필드는 사람들을 가까이 불러 모은 뒤 이렇게 말했다.

"여러분, 원하실 대로 하셔도 좋지만, 저는 여기 그대로 있겠습니다. 여러분이 보시는 바와 같이 연기가 피어오르는 이 잿더미, 한때

가게가 있던 곳에다 저는 세상에서 가장 큰 점포를 세울 겁니다."

필드가 세운 빌딩은 아직까지도 그곳, 시카고의 중심가에 그대로 건재하고 있다.

바로 이런 사람들이 미국의 번영을 불러온 선구자들이다. 이런 사람들이 철도와 통신 시스템을 만들어냈다. 또 이런 사람들이 말하는 사진, 말하는 기계, 비행기, 철강골재로 세워진 마천루摩天樓, 자동차, 고속도로, 가전제품, 엑스레이, 은행과 투자제도, 거대한 생명보험회사를 만들어낸 것이다.

인간의 진보는 우연이나 행운의 결과가 아니다. 신념을 얻기 위해, 성공철학의 열일곱 가지 원칙을 통해 마음을 다스린 사람들이 바로 그 신념을 적용한 결과다.

성공을 향해 야망을 불태우는 사람들의 성과는 목표와 관련해 얼마나 신념을 갖고 있느냐에 달려 있다. 자유와 부를 열망하는 당신은 이 점을 기억해야 한다. 신념은 얼마나 큰 목표를 열망하느냐가 아니라, 얼마나 신념을 갖고 있느냐에 따라 목표 달성으로 인도한다는 점도 기억해야 한다.

신념은 과학자들이 그 작용 과정을 분석하는 데 실패한 힘이지만, 실은 매우 간단하며 누구라도 이해할 수 있다. 그러므로 신념은 모든 인류가 공통으로 가진 재산이다.

이번 장에서 간략히 소개한 방법 중에 평균적인 이해 이상의 수준을 요하는 것은 하나도 없다. 신념은 명확한 목표에서 시작되고, 긍정적인 정신자세가 그 바탕이다. 긍정적인 정신자세는 명확한 목표를 향해 실제 행동으로 옮길 때 가장 큰 능력을 발휘한다.

모든 자발적인 육체 행동은 인간의 자발적인 행동을 유도하는 아홉 가지 기본 동기로 인해 고무되어 일어난다. 목표를 달성하고자 신념을 키우는 것은 어려운 일이 아니다. 아홉 가지 기본 동기 중에 사랑이라는 동기가 부여되면, 신념을 통해 얼마나 빨리 행동으로 표현되는지 알 수 있다. 사랑으로 유발된 행동은 인생의 열두 가지 재산 중의 하나인 자선 활동을 의미한다.

물질적인 재산을 얻기 위해 열망하는 사람은 기꺼이 자선 활동에 모든 노력을 기울이게 된다. 아무리 오랜 시간 동안 타인을 위해 힘을 들인다 해도, 피로는 열두 가지 재산 중의 하나인 자선 활동이라는 자기표현의 즐거움에 의해 녹아 없어진다는 것을 깨달을 것이다.

그런 식으로 신념을 표현하는 사람에게는 성공의 방해 요소들이 하나씩 하나씩 사라지고, 성공은 필수적으로 찾아온다. 무엇보다도 마음의 기쁨이 모든 노력을 영예롭게 할 것이다. 그런 사람은 증오 따위의 감정을 나타낼 시간이 없고, 취미도 없다. 따라서 조화로운 인간관계는 자연스럽게 이루어진다.

성공에 대한 희망은 이미 가지고 있음을 알기 때문에 그 수준이 더욱 높아지고 계속 이어진다. 편협함 대신 너그러운 마음씨가 자리를 차지하기 때문이다. 또한 자제력은 밥을 먹는 것처럼 일상적인 습관이 된다. 사람을 사랑하기 때문에 이해심이 많아지며, 그런 사랑 때문에 이웃과 기꺼이 나눔을 원한다.

신념은 모든 두려움을 몰아내기 때문에 모든 공포로부터 자유로운 몸이 되게 한다. 그럼으로써 인생의 열두 가지 재산을 모두 소유하게 된다.

신념은 창조주에 대한 감사의 표현이다. 반면 두려움은 악마의 능력을 인정하고, 창조주에 대한 믿음이 부실하다는 것을 드러내는 것이다.

인생의 가장 큰 재산은 내가 앞에서 언급한 네 가지 원칙을 이해하는 데 있다. 이러한 원칙을 가리켜 성공철학의 '빅 4$^{Big 4}$'라고 한다. 이 원칙들이야말로 인간의 영혼이 지닌 비밀스런 힘을 발휘하게 하는 '마스터키'의 토대이며 주춧돌이다. 따라서 이 마스터키를 현명하게 사용하면, 당신은 자유를 얻을 것이다.

마스터키를 찾은 사람들

켄터키의 초라한 통나무 오두막 집에서 어린 소년이 난롯가에 앉아 석판 대신 나무 삽 뒷면에 연필 대신 숯으로 글씨 연습을 하고 있었다. 한 여인이 곁에 서서 다정하게 그를 격려하고 있었다. 여인은 그의 어머니였다. 소년은 장차 훌륭한 위치에 오를 만한 기약은 상상도 하지 못한 채 어른으로 성장했다.

법률을 전공했지만 궁색한 삶은 성공과는 거리가 멀었다. 또 가게를 운영해보려고도 했지만 보안관의 제지 때문에 성공하지 못했다. 군대에 들어갔지만 탁월한 전공도 올리지 못했다. 한마디로 그가 손을 대서 제대로 되는 일은 하나도 없었다.

그러던 중 여인에 대한 사랑이 그의 인생에 찾아들었다. 그것은 여인의 죽음으로 인해 비극으로 끝나버렸지만, 그 경험은 그의 영혼에 깊은 영향을 미쳤다. 자신의 마음속에서부터 나오는 신비한 능력을 깨닫게 된 것이다.

그는 신비한 능력, 즉 신념의 힘을 실제 행동에 옮기기 시작했다. 그것은 그를 미국 대통령으로 만들었고, 노예제도를 없애게 만들었다. 위대한 노예 해방자 에이브러햄 링컨은 전 세계인들에게 존경과 사랑을 한 몸에 받고 있다. 또한 신비한 능력에 의해 생성된 그의 위대한 정신은 여전히 전 세계에 큰 영향을 미치고 있다.

이렇듯 사람의 마음속에서 나오는 신비한 힘은 사회적인 지위를 가리지 않는다. 부유하고 권력을 가진 사람은 물론, 가난하고 초라한 사람에게도 마찬가지로 적용된다. 그것은 한 사람에게서 다른 사람에게로 전달할 필요도 없다. 모든 사람이 이미 가지고 있기 때문이다. 또한 그 힘은 본인 외에 어느 누구도 영향을 미칠 수 없다. 그것은 자기 속으로부터 획득되어야 하기 때문이다.

그런데 이상한 공포가 사람들 마음속으로 스며들어와 신비한 힘을 인정하고 사용하는 것을 방해한다. 세상의 대다수 사람은 왜, 그리고 어떻게 그런 저주의 희생물이 되어버리는 것일까? 또 어떻게 해야 그런 저주를 부숴버릴 수 있을까?

"자기 속에서 나오는 힘이 무슨 일을 어떻게 한다는 거야?"

물론 개중에는 이렇게 묻고 싶은 사람도 있을 것이다. 그렇다면 이제 그런 힘을 실제로 발휘한 사람들에 대해 알아보자.

프랭크 갠솔러스Frank Gunsaulus라는 젊은 목사가 새로운 이념의 대학을 건립하고자 오랫동안 열망하고 있었다. 그는 원하는 바를 정확히 알고 있었지만, 100만 달러나 되는 현금이 드는 게 큰 문제였다.

그는 우선 100만 달러를 모으기로 결심했다. 명확한 목표에 근거한 명확한 결정이 그의 계획 중에서 첫 단계였다. 그러고 나서 '100만 달러가 있다면, 내가 하고 싶은 일'이라는 제목의 설교문을 작성하고 다가오는 일요일에 그런 요지의 설교를 할 것이라고 신문에 공표했다.

마침내 일요일이 되었고 갠솔러스가 설교를 마치자, 지금까지 만나본 적이 없는 낯선 사람이 다가왔다. 그는 갠솔러스에게 이렇게 말했다.

"목사님, 설교가 너무 마음에 와 닿았습니다. 내일 아침에 제 사무실로 오시면 100만 달러를 드리지요."

그 사람은 육류 포장회사 아머 & 컴퍼니의 창설자인 필립 아머였다. 그가 준 선물은 미국에서 가장 훌륭한 대학 중 하나인 아머 공과대학(일리노이 공과대학의 전신 _ 옮긴이)을 탄생하게 했다.

헬렌 켈러는 태어난 직후 질병에 감염되어 시력과 청력, 그리고 말하는 능력까지 잃었다. 오감五感 중에서 두 가지 이상을 잃음으로써 그녀는 사람들이 대부분 평생 동안 전혀 겪어보지 못하는 곤경 속에서 영원히 살아가야 하는 운명이 되었다.

내부에서 나오는 신비한 힘의 존재를 알고 있던 설리번 선생의 도움으로 켈러는 그 힘과 접촉하여 사용하기 시작했다. 그녀는 신념의 힘이 발휘될 수 있는 조건에 관해 명확한 실마리를 던졌다.

"신념을 바로 이해한다면, 수동적이기보다는 적극적인 것이어야 해요. 수동적인 신념은 눈으로 볼 수 있는 것 이상으로는 힘을 발휘하지 못하지만 적극적인 신념은 두려움을 모릅니다. 그것은 하나님이 그의 피조물을 배반하고, 세상에 어둠을 던져주었다는 말을 믿지 않습니다. 또 그것은 절망을 거부해요. 따라서 아무리 연약한 인간이라도 신념을 가지면 어떤 재앙도 이길 수 있어요."

행동이 수반된 신념은 헬렌 켈러가 고통스러운 장애를 이기고 훌륭한 삶을 영위하게 만든 원동력이었다.

신념과
잠재의식의 관계

지나간 역사의 페이지를 자세히 들춰보면, 이 세상에 문명의 발달을 가져온 사람들의 공통점을 알 수 있다. '마스터키'로서 신념을 적용하여, 내부에서 나오는 신비로운 힘을 발휘한 결과였던 것이다.

또한 위대한 성공은 온갖 악전고투와 극복이 불가능할 것 같은 한계를 뚫고 탄생했다는 것도 알 수 있을 것이다. 그런 장애물은 끈질긴 신념을 가진 불굴의 의지자에게만 무릎을 꿇는다. 바로 이 말, '끈질긴 신념을 가진 불굴의 의지자'라는 표현에 주목해야 한다. 자기 속에 감춰진 신비한 능력을 발견하는 데 가장 중요한 접근방법이기 때문이다.

자기 속에 있는 신비로운 힘을 간파하고 그것을 온갖 어려움을 뚫고 나가는 데 사용한 사람을 가리켜 '꿈꾸는 사람'이라고 한다. 그러나 그 꿈에는 행동이 수반되어야 한다는 점을 잊지 말아야 한다.

헨리 카이저가 네바다 주에 거대한 후버댐을 건설할 때, 땅 고르기 공사 일부를 로버트 르투르노에게 하청을 주었다. 처음 몇 주간은 모든 게 원활하게 진행되었고, 공사와 관련 있는 모든 사람이 큰 돈을 벌 것처럼 보였다.

그런데 예기치 않던 화강암층이 돌연 나타나 장비와 충돌하는 사건이 터졌다. 르투르노는 단단한 화강암층이 그리 두껍지 않기를 바라면서 있는 돈을 탈탈 털어 계약서에 명시된 깊이까지 그대로 파내려 가도록 공사를 진행시켰다. 하지만 예상과는 달리 너무나 큰 차이가 나게 두꺼웠으므로 그는 어쩔 수 없이 일시적인 패배를 인정해야 한다.

친구들은 그에게 파산을 극복하기 위해서는 다른 분야에서 새 일을 찾아보라고 설득했다. 그러나 그는 큰소리로 말했다.

"나는 폐석 때문에 돈을 잃었으니, 폐석으로 되찾을 거야. 단돈 1센트까지 모두 다 보상을 받을 거야."

이 간단한 대답 속에서 르투르노는 성공철학의 핵심을 전달하고 있다. 그는 명확한 목표를 이야기했고, 이미 한 번 실패하기는 했어도 그 목표를 반드시 성공으로 바꿔 놓을 수 있다며 신념을 표현한 것이다.

"이 힘든 기간에 나는 새로운 동업자이자 가장 큰 재산을 얻게 되었다. 나는 새로 시작한 사업에 동업자하고 같이 뛰어들었다. 나는 현장에서 힘쓰는 일을 하고, 동업자는 어떻게 힘을 써야 하는지 방법을 알려주었다. 그의 이름은 하나님이다."

르투르노의 동업자는 새 출발에 필요한 도구를 이상한 곳에서 찾게 해주었다. 집에서 가져온 커튼 거는 막대와 못 쓰는 자동차 부품으로 그는 폐석제거기를 처음으로 만들어냈다. 그러나 일단 작동은 되었지만 성능이 좋지 않았다.

그는 다시 폐차장을 뒤져 더 좋은 부품을 찾아내 두 번째 기계를 만들었다. 이번 것은 처음보다 훨씬 성능이 좋았지만, 상업용으로는 턱없이 부족했다.

"이제 어떻게 하지요, 동업자님?"

르투르노는 하나님에게 이렇게 질문했고, 즉시 대답을 들을 수 있었다.

"돈을 벌어서 새 재료를 산 다음, 진짜 기계를 만들어보라."

르투르노는 그대로 실천에 옮겼다. 그러자 그때부터 그는 부와 명예를 향해 탄탄대로를 달리기 시작했다. 그는 네바다 주에서의 뼈아픈 실패가 가져온 '상응하는 이득의 씨앗'을 찾아냈고, 그것에 싹을 틔워 성공의 꽃으로 활짝 피어나게 한 것이다.

먼저 그는 일리노이 주 페오리아에 공장을 세워 폐석제거기를 대량 생산했다. 다음에는 조지아 주 토코아에 비슷한 규모의 공장을 세웠다. 그 후 그는 더 큰 포부를 갖고 미시시피 주 빅스버그에 큰 공장을 세우고, 텍사스 주 롱뷰에도 세웠다.

나는 18개월 전에 르투르노를 처음 알게 되었는데, 무엇이 그의 성공을 불러왔는지 직접 듣는 게 주목적이었다. 하나님과 동업을 한 덕에 성공을 거두었다는 르투르노의 주장은 기꺼이 인정하지만 도대체 어떻게, 그리고 언제 동업자와 접촉하는지를 알고 싶었다.

르투르노와 내가 그의 개인 비행기 안에서 대화를 마친 후 토코아로 돌아가던 어느 날 밤, 내가 찾고 있던 비밀이 드디어 밝혀졌다. 그는 비행기가 이륙하자마자 좌석에 푹 쓰러져 몇 분 만에 코를 골며 깊은 잠에 빠져들었다. 약 30분 후, 기지개를 켜며 일어난 그는 주머니에서 수첩을 꺼내더니 몇 줄 적었다. 그러면서도 그는 수첩을 보는 것이 아니라 다른 곳을 보고 있었다. 비행기가 토코아에 닿을 때까지 이런 일이 세 번이나 있었다.

나는 비행기가 착륙한 뒤에 르투르노에게 세 번이나 일어나 수첩에 기록하던데 기억이 나는지 물어보았다.

"내가 뭘 적더라고요?"

르투르노가 외쳤다. 그리고는 재빨리 주머니에서 수첩을 꺼내 몇 초간 읽어보더니 이렇게 말했다.

"이거야, 이거! 한 달도 더 기다렸어. 이제 됐어! 일을 진척시키려면 꼭 필요했던 해답인데, 이제 찾았어요."

르투르노가 창조주와 동업자 관계라는 주장을 사람들이 뭐라고 생각하든지 간에 두 가지 사실만은 명백하며, 그것은 믿든 믿지 않든지 절대 무시할 수 없는 사실이다.

첫째, 그는 사업에 실패해 가진 돈을 모두 날렸으며, 보통 사람들 같으면 그런 업종에 다시는 뛰어들지 않을 상황이었다. 둘째,

그런데도 그는 그 업종에 계속 매달렸고, 학교 교육이 거의 전무하다시피 한데도 미국에서 가장 성공하고 부유한 사업가 중 한 사람이 되었다.

그가 자기 동업자인 하나님과 어떻게, 그리고 언제 접촉하는지에 관해 나는 드디어 해답을 찾을 수 있었다. 그 접촉은 르투르노의 잠재의식을 통해서 이루어졌다. 자기가 원하는 바를 잠재의식 속에 정성들여 그렸고, 그 그림과 더불어 원하는 시일 내에 반드시 달성하겠다는 절대적인 신념을 수반시킨 것이다.

이런 원리에 새로울 건 아무것도 없다. 명확한 목표를 세우고, 르투르노가 한 것처럼 신념을 적용시킨 사람이라면 전혀 어려운 일이 아닐 것이다.

'신념을 제대로 이해한다면' 참으로 이상한 점을 하나 발견할 수 있다. 대개 신념은 긴박한 문제에 부딪쳐서, 즉 평범한 사고력이 미치는 범위 너머를 바라볼 수밖에 없는 상황이 되어야 나타난다는 것이다.

그러한 긴박한 문제를 겪는 동안에 우리는 자기 속에서 나오는 신비한 힘을 끌어내게 된다. 그 힘을 이길 정도로 강한 저항은 세상 어디에도 없다. 긴박한 상황을 예를 들자면, 미국을 탄생시킨 56명의 남자들이 '독립선언서'에 서명했을 때 직면한 상황을 말한다.

자기들이 서명한 서류가 곧 자신의 사형집행 영장이 될 수도 있다는 것을 잘 알고 있었기에 그들의 신념은 '제대로 된, 적극적인 신념'이었던 것이다. 다행히 그것은 미국뿐만 아니라 전 세계의 모든 인류에게 자유의 권리를 보장해 놓은 하나의 실례가 되었다. 그러나 그 서류 한 장에서 온 이득은 거기에 서명한 사람들이 벌인 모험이 수반되었기 때문에 가능한 것이었다. 즉 서명한 사람들은 그들의 생명, 재산, 자유의 권리, 품위 있는 사람으로서의 특권을 모두 저당 잡혔던 것이다.

시련을 이기는 신념

모름지기 신념에는 자유, 물질적인 재산, 인생 그 자체 등 무엇이든 버리겠다는 적극성이 기초가 되어 있어야 한다. 모험 없는 신념은 소극적인 신념이고, 헬렌 켈러가 말한 바와 같이 눈으로 볼 수 있는 것 이상으로 힘을 발휘하지 못한다.

그렇다면 독립선언서에 서명한 사람들 이후에 등장한 위대한 인물들의 기록을 살펴보자. 그들이 가진 신념 또한 적극적인 신념이었다. 그들 역시 자기 속에서 나오는 신비한 힘을 발견해 끌어내서 적용하고, 광활한 황무지를 '민주주의의 요람' 으로 바꿔 놓았다.

거대한 대륙 간 철도를 건설해 서부 개척에 붐을 일으키고, 대서양과 태평양을 손쉽게 닿을 수 있게 만든 제임스 힐이 그런 사람들 중 하나다.

리 디포리스트 Lee de Forest 는 에테르의 무한한 에너지를 동력화 하여 라디오를 통해 세계 사람들이 신속한 커뮤니케이션을 주고받을 수 있는 기계 장치를 만들었다. 토머스 에디슨은 백열전구, 축음기, 활동사진 등 인류의 고통을 덜어주고 기쁨과 교육의 기회를 넓힌 기타 유용한 발명품들을 완성함으로써 문명의 발전을 수천 년이나 앞당겼다.

이러한 사람들을 가리켜 '천재'라고 부르기도 하지만, 그들은 자기 속에서 나온 신비한 힘의 결과로 성공할 수 있었음을 잘 알기에 그런 칭호를 한사코 거부한다. 그 신비한 힘이란 모든 사람 속에 잠재되어 있어 누구라도 사용할 수 있는 능력이기 때문이다.

사람들은 이러한 인물들의 성공에 대해서 잘 알고 있다. 그들의 리더십이 어떻게 발휘되었는지도 알고, 미국인들에게 미친 공로가 얼마나 큰지도 알고 있다. 미국을 세계에서 가장 부유하고 자유로운 나라로 만들 수 있었던 그들의 인생철학도 잘 알려져 있다. 하지만 불행히도 그들이 극복해야 했던 장애물이 무엇이었는지, 그리고 적극적인 신념의 정신에 대해서는 모든 사람이 다 알고 있지는 못하다.

그러나 이 점만은 확실히 해두어야 한다. 그들의 성공은 그들이 극복해야 했던 긴박한 문제들과 비례했다는 것을. 또 아이러니컬하게도 그들의 노력으로 가장 많은 혜택을 입을 사람들에게서 가장 큰 저항에 부딪쳐야 했다. 이렇듯 적극적인 신념이 부족한 사람들은 새롭고 익숙하지 않은 것은 늘 의심과 회의의 시각으로 보기 마련이다.

인생의 긴박한 문제에 부딪치면 때로 사람들은 선택의 갈림길에 서게 된다. 한 길은 신념이고, 또 다른 길은 두려움이다. 그런데 대다수 사람이 두려움의 길을 선택하는 이유는 대체 무엇일까?

선택은 당사자의 마음가짐에 달려 있다. 신념의 길을 선택한 사람은 평소 일상생활에서처럼 민첩하고 용감한 결단력으로, 마음을 긍정적인 쪽으로 다스린다. 반면 두려움의 길을 선택한 사람은 마음가짐을 긍정적인 쪽으로 다스리기를 거부한다.

워싱턴에서 한 남자가 깡통과 연필 꾸러미를 들고 휠체어에 앉아서 구걸하며 근근이 살아가고 있었다. 그가 구걸하여 먹고사는 구실이란, 소아마비 때문에 다리가 제 기능을 하지 못한다는 것뿐이었다. 그의 뇌는 병에 감염되지 않았다. 게다가 다른 신체 부위는 튼튼하고 건강했다. 그러나 그는 무서운 질병이 덮쳐왔을 때 두려움의 길을 택했고, 그럼으로써 그의 정신 또한 오랫동안 사용하지 않아 퇴화되어버렸다.

같은 도시에 같은 장애를 가진 또 다른 사람이 있었다. 그 역시 다리를 사용하지 못했지만, 불구가 된 것에 대해 그가 보인 반응은 달랐다. 그는 선택의 기로에 섰을 때 신념의 길을 택했고, 신념은 그를 곧장 백악관으로 인도하여 당당히 미국 대통령(시어도어 루스벨트)으로 선출되게 했다.

다시 말해 그는 불구가 됨으로써 잃어버린 부분을 두뇌와 의지력을 통해 획득할 수 있었다. 더욱이 성치 못한 그가 역대 대통령 중에서 가장 활동적인 사람 중의 한 명이었다는 것은 참으로 놀라운 사실이다.

이 두 사람이 가진 지위의 차이는 너무나 컸다. 왜 그런 차이가

났는지 이유에 대해서 모른다고 할 사람은 아무도 없을 것이다. 그 것은 전적으로 마음가짐의 차이다. 한 사람은 두려움을 자신의 길잡 이로, 다른 한 사람은 신념을 자신의 길잡이로 삼았다.

토머스 에디슨은 너무 '산만해서' 수업을 받을 수 없다는 교사의 통지서와 함께 퇴학 처분되었다. 초등학교 입학 석 달 만에 퇴학을 당했으니, 에디슨 역시 부랑자나 폐인이 될 만한 가능성은 얼마든지 있었다. 사실 에디슨은 한동안 그렇게 될 것처럼 보이기도 했다. 허 드렛일을 하거나 신문을 팔지 않으면 남는 시간을 잡동사니 기계나 화학약품 속에 파묻혀 지냈다.

그러나 아무도 눈치채지 못했을 뿐, 에디슨의 마음속에는 새로운 영감과 발명 의욕이 샘솟고 있었다. 한 번도 세상에 완벽하게 공개 한 적은 없었지만 그 역시 자기 속에서 나오는 신비한 힘을 발견했 으며, 그것을 장악하고 조직한 결과, '산만한' 사람에 그치지 않고 탁월한 발명의 천재로 세세토록 이름을 날리게 되었다.

에디슨이 자기 속에서 나오는 신비한 힘을 통해 위대한 발명가가 된 것처럼 우리도 얼마든지 그 힘을 활용할 수 있다. 그런데도 그 힘 을 무시하고 사용하려고 하지 않는다면 참으로 부끄러워해야 할 일 이다.

자기 마음속에 숨어 있는
신비한 힘

자기 마음속에서 나오는 힘은 사람들이 목표한 바를 획득하게 도와준다. 즉, 사람들의 간절한 생각을 현실로 바꿔 놓는다는 뜻이다.

텍사스 주 타일러의 작은 마을에 사는 한 10대 소년이 식품점으로 들어갔다. 가게에는 건달들이 난롯가에 앉아 있었다.

"야! 꼬마, 넌 이다음에 어른이 되면 뭐가 되고 싶으냐?"

"뭐가 되고 싶은지 말씀드릴게요. 난 세상에서 제일 훌륭한 법률가가 될 거예요. 그게 제 소원이에요."

소년이 지체 없이 대답했다.

그러자 건달들은 가게가 떠나가라 큰 소리로 웃기 시작했다. 소년은 필요한 물건을 사가지고 조용히 가게를 나왔다.

훗날 그 건달들은 다른 의미의 웃음을 흘려야 했을 것이다. 왜냐하면 그 소년이 법조계의 유명 인물이 되었고, 그의 능력이 너무나 뛰어나서 미국 대통령보다도 수입이 많았기 때문이다.

그의 이름은 마틴 리틀튼Martin Littleton이었다. 그 역시 자기 마음속에서 나오는 신비한 힘을 발견했고, 그 힘은 그가 소망한 바를 이루게 만들었다. 법조계가 존속되는 한, 수천 명의 법률가가 리틀튼처럼 뛰어난 인물이 되고 싶어 하겠지만, 그들 중에서 그런 성공을 거둘 사람은 거의 없을 것이다. 왜냐하면 그들은 로스쿨에서는 가르쳐 주지 않는 성공의 요인이 있다는 것을 모르기 때문이다.

이 외에도 성공의 사례들은 얼마든지 찾아볼 수 있다. 어떤 직업에서든 극소수의 사람이 최고의 자리에 오르고, 나머지 사람들은 평범한 수준 이상을 결코 넘어보지 못하기 때문이다.

보통 성공한 사람들을 가리켜 '행운아'라고 한다. 물론 그들은 운이 좋았다. 그러나 사실을 들여다보면, 그들의 행운이 마음속에서 우러나오는 신비한 힘으로 인해 생긴 것이라는 사실을 알게 될 것이다. 그 힘은 긍정적인 정신자세를 통해 적용되며, 두려움이나 자포자기의 길 대신에 신념의 길을 따르기로 결심하게 한다.

자기 마음속에서부터 나오는 힘은 영원한 장벽이란 없음을 깨닫게 한다. 그것은 실패를 야심만만한 도전으로 바꿔 놓는다. 또한 두려움이나 의심처럼 스스로 한계를 만들어 놓지 않는다. 그리고 무엇보다 특히 자기 마음대로 넣거나 빼거나 할 수 없는 개인의 이력에 절대 오점을 남기지 않는다. 이 점을 꼭 기억하기 바란다.

자기 마음속에서 나오는 힘을 사용한다면, 인생의 성공을 위한 기회가 매일매일 새로 생겨날 것이다. 어제 실패했다 해도, 당사자에게는 아무런 힘을 쓰지 못한다. 그것은 특정 인종이나 종교의 편을 들지 않으며, 가난하게 태어났으면 계속 가난하게 살라는 식의 편향된 강요도 하지 않는다.

그것은 전례前例를 인정하지 않으며, 제아무리 엄격한 룰이 있다 해도 맹종하지 않으며, 막강한 권력을 지닌 제왕이라도 초라한 한 인간으로 마음껏, 정말 마음대로 바꿔버릴 수 있다.

그것은 귀중한 자유를 위해 툭 터진 고속도로를 제공한다. 그리고 원인이 무엇이든 간에 슬픔과 좌절의 상처도 치유한다.

자기 마음속에서 나오는 신비한 힘은 모든 인간의 경험·교육·지식을 능가한다. 그 힘의 유일한 고정 가치는 탄탄한 신념의 힘이다. 즉 적극적으로 적용된 신념이다. 그 힘을 통해서 한 시인은 다음과 같은 영감을 얻었다.

무릇 제왕들과 어릿광대들이
온갖 법석을 떠는 게 이상하지 않은가.
그러나 그들도 그대와 나 같은 평민들처럼
모두 영원을 이루는 한 부속들일 뿐이다.

모든 사람에게는 각각 한 권의 설명서,
한 덩어리의 동과 연장가방이 하나씩 주어진다.
시간이 다 가기 전에 사람들은 모두 만들어내야 한다.
장애물이든 디딤돌이든.

자기 마음속에서 우러나오는 신비한 힘을 찾다 보면, 당신은 진정한 자아를 발견하게 될 것이다. 그것은 인생의 모든 경험을 이용할 수 있는 '또 다른 자신' 이다. 그렇게 되면 어떤 직업에 종사하든지 세상은 당신 앞에 잘 다져진 길을 열어준다. 당신이 누구이고, 과거의 실패가 어느 정도였는지는 아무런 상관이 없다.

우리가 원대한 성공을 거두었다고 인정하는 사람들도 모두 한때 실패를 겪었다. 그들은 모두 실패와 맞닥뜨린 경험이 있지만, 그것을 그런 이름으로 부르지 않고 '일시적인 패배' 라고 한다. 진실로 위대한 인물들은 모두 일시적인 패배의 의미를 정확히 알고 있었다. 그것은 곧 굳은 신념이 수반된 야심만만한 도전을 의미하는 것이었다.

일이 어려우면 누구든지 중단할 수 있다. 그리고 일시적인 패배를 맛볼 때면 누구라도 우울한 기분에 빠진다. 그러나 세상이 위대하다고 인정하는 인물들은 자기 합리화를 시키지 않았다. 자기 속에서 우러나오는 힘은 자기 연민으로 찾아낼 수 없다. 두려움이나 소심증으로도 찾을 수 없다. 질투와 증오를 통해서도 아니다. 탐욕을 통해서도 아니다.

당신의 '또 다른 자신'은 이러한 부정적인 면에 결코 눈길 한 번 주지 않는다. 그것은 모든 부정적인 마음가짐이 말끔히 제거된 마음속에 저절로 드러나게 되어 있다. 그것은 신념으로 다져진 마음속에서 번성한다.

실패는 좌절이 아닌 성공의 실마리

노스캐롤라이나 주의 화이트빌에 사는 리 브랙스튼Lee Braxton은 아주 가난한 가정에서 태어났다. 열두 명의 형제 중 열 번째 자식으로 태어난 그는 가까스로 초등학교 6년을 마쳤고, 어릴 때부터 스스로 벌어서 필요한 것을 해결해야 했다.

하지만 브랙스튼은 구두닦이, 식료품 배달, 신문팔이, 양말 공장

공원, 세차원, 정비공 조수를 거쳐 마침내 공장의 책임자로 승진할 수 있었다. 눈물겹도록 열심히 노력한 결과 결혼하여 자기 집도 갖고, 자신과 가족이 그럭저럭 살기에 충분한 수입을 올리게 되었다.

그렇게 안정을 찾던 생활에 갑자기 불운이 찾아왔다. 그의 수입은 중단되었고, 저당 잡힌 집은 팔아야 했다. 그는 소유한 모든 것을 잃었지만, 그에게 가장 중요한 재산만은 남아 있었다. 즉, 새로운 출발을 다짐하는 의지와 불행을 이득으로 바꿔 놓을 수 있다고 믿는 신념이었다.

일시적인 패배와 동행하게 되어 있는 '상응하는 이득의 씨앗'을 그는 찾으려 한 것이다. 그때 누군가 선물로 준 《놓치고 싶지 않은 나의 꿈 나의 인생 1》에서 그것을 발견했다. 그는 책을 다 읽기도 전에 마음가짐을 부정적인 쪽에서 긍정적인 방향으로 바꾸기 시작했다. 그리고 책을 다 읽었을 때쯤에는 이미 재기할 계획을 다 짜 놓은 상태였다. 예전에 알지 못했던 자신의 '또 다른 자아'를 발견함으로써, 일시적인 실패는 있어도 영원한 좌절은 결코 없다는 것을 깨달았기 때문이다.

자신의 진정한 자아를 발견한 날로부터 브랙스튼은 손대는 모든 것마다 황금으로 또는 황금보다 더욱 값진 것으로 바꿔 놓았다. 그는 화이트빌에 퍼스트 내셔널 은행을 만들고, 초대 행장이 되었다. 은행업이 성공을 거두자 곧이어 화이트빌에서 가장 훌륭한 호텔을 지었는데, 어느 도시에서든 자랑이 될 만한 현대적인 구조물이었다.

그 후 자동차 세일즈 에이전시는 물론 자동차 구입 융자를 위한 회사와 그것을 판매하고 배급하는 회사까지 만들었다. 그런 다음 악

기점을 만들고, 화이트빌에서 가장 멋있는 집을 지었다. 얼마 후, 화이트빌의 주민들은 그를 시장으로 선출했는데, 재임기간 중에 자신의 영향력이나 기업 운영으로 모종의 이득을 취하지 않았다고 한다.

행운의 배는 순항을 계속했고, 그는 필요한 돈을 모두 모으는 50세쯤 되면 사업가로서 은퇴를 하기로 결심했다. 그런데 44세에 원하는 돈을 모을 수 있게 되자, 브랙스튼은 기업을 처분한 뒤에 라디오와 텔레비전에 출연해 성공학을 전해주는 무료봉사를 시작했다. 순식간에 그는 수백 개의 라디오와 텔레비전 방송국에 공급되는 성공학 프로그램을 진행하게 되었다. 그 정도면 거의 미국 전역에 방송되는 것이었다.

브랙스튼이 《놓치고 싶지 않은 나의 꿈 나의 인생 1》을 입에 침이 마르도록 칭찬했지만, 그는 이 책을 읽기 전에 이미 성공의 필수적인 요소를 가지고 있었다고 보아야 할 것 같다. 물론 당신도 그와 마찬가지로 성공을 위한 모든 필수 요소를 갖고 있다.

어쨌든 《놓치고 싶지 않은 나의 꿈 나의 인생 1》은 브랙스튼의 마음에서 불행을 사라지게 했고, 마음속에서 나오는 힘, 즉 감춰진 재산이 있다는 사실을 깨닫게 해주었다. 자기 머릿속에 저항할 수 없는 힘이 있다는 것을 알게 된 그는 그 힘의 존재를 인정하고 받아들였으며, 원하는 결과만 바라보게 되었다. 그런 힘은 어느 성공 스토리든지 절대 빠지지 않는 요소다.

이렇듯 긍정적인 정신자세를 가지면 성공이 바로 임박해오고, 실패는 더욱 노력해야겠다는 자극제 역할을 하게 된다. 브랙스튼은 이 진리를 배워 이득을 얻었다. 그리고 배운 것을 실천에 옮겼기 때문에 '태양 아래서 내가 더 벌고 싶은 돈은 없다'고 말할 정도의 부자가 되었다. 또한 그는 원하는 조건으로 인생을 살 수 있었고, 가장 좋아하는 일에 종사하면서 마음의 평화를 얻을 수 있었다.

신념은 세상에서 처음 발견된 성공철학이 아니다. '산도 움직일' 수 있는 마음속에서 나오는 힘이다. 동서고금을 막론하고 어떤 분야에서든 큰 인물을 탄생하게 한 힘은 여전히 적용되고 있다. 비전과 신념으로 무장한 사람들은 무지·미신·두려움의 국경을 저 멀리 밀어내고, 문명생활을 가능하게 한 모든 것을 세상에 가져다주었다.

신념은 미지에 둘러싸인 신비가 아니라, 우리의 일상적인 행동 속에서 작용하며 인류를 위한 봉사 속에서 드러난다.

신념은 수많은 이름으로 불리지만, 이름이 무엇이든지 간에 그 본질은 절대 변하지 않는다.

신념은 하나의 수단을 통해서만 작용하는데, 그 수단은 바로 마음이다.

신념은 생각·아이디어·계획·사람들의 목표를 통해서 표현되며, 우리가 호흡하는 공기처럼 자유롭고, 공간과 범위는 우주만큼 풍요롭다.

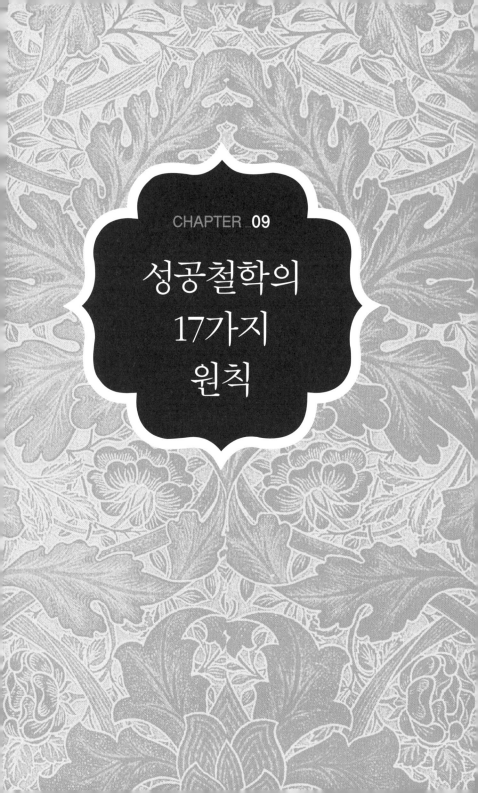

CHAPTER _09

성공철학의
17가지
원칙

습관의 힘은 강자와 약자, 부자와 빈자,
병자와 건강한 자들이 평등하게 사용할 수 있는 힘이다.
그리고 성공철학의 열일곱 가지 원칙의 주요 목적은 사고 습관을
형성하도록 자제력을 통해 '신비한 습관의 힘'을 받아들이게 하는 데 있다.

이제 자연법칙 중에서 가장 위대한 법칙인 '신비한 습관의 힘'에 대해 자세히 알아보기로 하자.

당신은 평소 하는 생각과 행위의 습관 때문에 현재의 위치에 이르게 되었다. 성공철학의 목적은 바로 현재의 위치에서 소망하는 위치로 옮겨줄 수 있는 습관을 만들 수 있도록 도움을 주는 것이다. 간단히 말하자면 '신비한 습관의 힘'이란 습관이 행위로 굳어지면 자동적으로 수행되는 원리다. 따라서 사람의 습관이나 우주의 습관이나 똑같은 원리로 작용한다는 것을 먼저 염두에 두어야 한다.

자연이 모든 물질 요소와 우주 에너지 사이에서 완벽한 균형을 이루고 있음을 모든 과학자와 많은 사람이 알고 있다. 즉, 온 우주가 질서와 습관이라는 불변의 체계를 통해 움직이고 있으며, 그런 체계는 절대 변하지 않고 어떠한 인간의 노력으로도 수정될 수 없는 것이다.

우리에게 알려진 우주의 다섯 가지 실체는 시간·공간·에너지·물질·지혜다. 바로 그 실체들이 고정된 습관을 근거로 하여 그밖의 모든 요소에게 질서를 부여한다. 이 실체들이야말로 모래 한 알에서 우주 공간의 거대한 별, 그밖에 우리에게 알려진 모든 자연 요소, 심지어 사람이 마음속에 품을 수 있는 것까지 창조해낸 기본 원리다.

이 다섯 가지 실체를 모르고 사는 사람은 없을 것이다. 자연이 사계절, 낮과 밤, 질병과 건강, 생과 사와 같은 미지의 운명을 향해 끊임없이 움직이는 혹성, 원자原子, 별 사이에서 모든 관계를 유지할 수 있는 특별한 에너지가 바로 습관의 힘이다.

그러나 이 사실을 모든 사람이 알고 있는 것은 아니다. 우주의 습관의 힘은 모든 습관과 인간관계가 영원히 변화하면서 지속되게 하는 수단이며, 사람들의 열망과 목표에 상응하는 물리적 성과를 거둘 수 있게 하는 수단이다.

성공철학의 의도는 이러한 중요한 사실을 깨닫게 하고, 인생이라는 거대한 강에서 성공의 물가로 반드시 실어다줄 수 있는, 우주의 보이지 않는 힘과 조화를 이룰 수 있는 지식을 이용할 수 있게 하는 것이다. 이렇게 발견하는 사이에 모든 '부의 문을 열어주는 마스터 키'를 쉽게 손에 넣을 수 있을 것이다.

우주의 '신비한 습관의 힘'은 자연의 감사관 역할을 한다. 그 힘을 통해 다른 모든 자연 법칙이 상호작용하고, 질서와 규칙을 통해 작용하기 때문이다. 그러므로 그것은 모든 자연 법칙 중에서 가장 위대한 것이다.

현재는 별들의 정확한 위치와 상호관계를 미리 예측할 수 있을 정도로 과학이 발달했다. 그래서 우리는 별과 혹성들이 얼마나 정확하게 움직이는지를 알고 있다. 일 년에 사계절이 마치 시계처럼 정확하게 왔다가는 것도 알고 있다.

참나무가 도토리 한 알에서 자라고, 소나무가 그 선조의 씨앗에서 자란다는 것도 안다. 즉, 도토리가 소나무가 된다거나 소나무 씨가 참나무가 되는 실수는 있을 수 없다. 세상의 어떤 것도 조상 없이 생겨날 수 없기 때문에 사람이 의도하는 목적은 그 본질이 무엇인가에 따라 불을 피우면 연기가 나는 것처럼 열매를 맺게 되어 있다.

우주의 신비한 습관의 힘은 모든 살아 있는 존재가 의존할 수밖에 없는 수단이며, 그런 존재가 생활하고 움직이는 환경권의 한 부분이다. 그러므로 성공이 더 큰 성공을 불러들이고, 실패는 더 큰 실패를 끌어당기는 것도 신비한 습관의 힘의 결과인 것이다.

그러나 아무리 실패했던 사람이라도 성공과 관련지어 생각하고 행동하는 사람들과 친밀하게 어울리면 원대한 성공에 도달할 수 있다는 사실을 앞에서 이미 언급했다. 그렇다고 모든 사람이 이런 사실을 경험하는 것은 아니다. 신비한 습관의 힘 원리는 성공한 사람들과 매우 친밀하게 어울리는 실패자들에게만 성공한 사람들의 '성공 의식'을 전해 받을 수 있게 하기 때문이다.

두 사람의 마음이 만나 서로 어울리면 제3의 마음이 탄생하는데, 그것은 두 사람 중에서 더 강한 자의 마음에 맞춰 형성된다. 성공을 거둔 사람들은 대부분 이 사실을 인정하고, 그들의 성공은 의식적이든 무의식적이든 긍정적인 자세를 지닌 사람들과 친밀하게 어울림으로써 시작되었다고 고백한다.

신비한 습관의 힘은 소리가 없고 보이지도 않으며, 인간의 오감 중에서 어느 감각으로도 인지될 수 없다. 바로 그렇기 때문에 신비한 습관의 힘은 더 널리 알려지지 못했다.

사람들은 대부분 만질 수 없는 자연의 힘은 이해하려고 하지 않으며, 추상적인 원리 따위에는 관심을 두지 않는다. 그러나 이렇게 만질 수 없고 추상적인 것들이야말로 우주의 진정한 힘을 나타내며, 만질 수 있고 구체적인 것들을 이루는 실제 기초다. 그것으로부터 만질 수 있고 구체적인 모든 것이 유래되었다.

신비한 습관의 힘 원리를 이해한다면, 당신은 에머슨이 쓴 《보상》도 어려움 없이 이해할 수 있을 것이다. 그가 이 유명한 에세이를 쓸 당시, 신비한 습관의 힘 원리를 적용하고 있었기 때문이다.

마찬가지로 아이작 뉴턴도 '중력의 법칙'을 발견했을 때 신비한 습관의 힘 원리를 완벽하게 깨닫고 있었다. 그가 발견한 성과에서 아주 조금만 더 깊이 들어갔더라면 신비한 습관의 힘 원리가 우리의 작은 지구를 유지하고, 시간과 공간 양면에서 다른 모든 혹성과 규칙적인 관계를 맺게 한다는 사실을 밝혀낼 수 있었을 것이다. 또한 신비한 습관의 힘 원리를 사람들이 서로 관계를 맺고 어울리게 하고, 각 개인은 생각의 습관을 통해서 자기 자신을 만들어간다는 사실까지 밝혀냈을 것이다.

습관의 힘이라는 말은 기존의 습관을 통해서 자신을 드러내는 힘이다. 인간보다 하등한 생물들은 본능을 통해서 우주의 습관의 힘에 직접 반응하여 생존, 번식하며 현세의 임무를 완수할 뿐이다. 사람만이 생활 습관과 관련해 선택할 수 있는 특권을 부여받았으며, 생활 습관은 사고 유형을 통해 고정된다. 그 특권은 사람만이 완벽하게 컨트롤할 권리를 가진 유일무이한 특권이다.

따라서 사람들이 두려움·의심·질투·탐욕·가난 같은 자기 스스로 만든 올가미에 사로잡혀 생각하면, 습관의 힘은 이러한 생각들을 그에 상응하는 물질적인 결과로 옮겨놓는다. 반면 부·풍요와 관련하여 생각하면, 똑같은 원리가 그런 생각에 상응하는 현실적인 성과를 가져온다. 그래서 사람들은 자신의 운명을 얼마든지 통제할 수 있는 것이다. 단순히 생각 패턴을 만드는 특권을 실행함으로써 말이다.

일단 이러한 생각들이 명확한 패턴으로 형성되면, '신비한 습관의 힘' 원리가 영구적인 습관으로 만들어버리는데, 다른 더 강한 생각 패턴으로 대체되지 않는 한 영원히 그대로 남는다.

우리는 지금까지 모든 진리 중에서 가장 심오한 진리를 살펴보았다. 즉, 거대한 성공을 이루어낸 사람들은 대부분 '실패'라는 상황에 처해 영혼에 깊은 영향을 받지 않고서는 그렇게 되지 못했다는 사실이다. 따라서 신비한 습관의 힘 원리를 이해하는 사람이라면, 이 기이한 현상의 원인을 알 수 있을 것이다. 자신이 어떻게 하느냐에 따라 실패를 불러올 수밖에 없는 습관을 깨버리고, 좀 더 새롭고 더 좋은 습관을 형성하게 만들기 때문이다.

자기 속에서
일어나는 전쟁

전쟁이란 사람들 사이에 벌어지는 관계에서 부적응이 발생하기 때문에 일어난다. 이러한 부적응은 부정적인 생각의 결과로, 계속 커지다가 결국 대중의 생각으로 굳어져버린다. 한 국가의 기본 정신은 국민들이 가진 지배적인 사고 습관의 총계일 뿐이다.

그런 사실은 한 개인에게도 똑같이 적용될 수 있다. 한 사람이 가진 기본 정신은 지배적인 사고 습관에 의해 결정된다. 사람들은 대부분 어떤 식으로든 자기 자신과 전쟁을 벌이고 있다. 서로 모순되는 사고와 감정들이 전쟁을 벌이는 것이다. 가족 · 직장 · 대인관계에서도 그런 전쟁이 벌어진다.

이러한 사실을 인정하면 당신은 황금률에 의거해 살아가는 사람들이 얻을 수 있는 이득과 진정한 힘이 무엇인지도 알게 된다. 황금률은 마음속에서 일어나는 전쟁에서 당신 자신을 구원해주기 때문이다.

또한 명확한 목표의 진정한 목적과 이득도 이해할 수 있게 된다. 일단 명확한 목표가 사고 습관에 의해서 의식 속에 고정되면, 우주의 습관의 힘이 그것을 인계받아 무슨 수단을 동원하든 상관하지 않고 논리적인 귀결을 맺도록 유도하기 때문이다.

그러나 '신비한 습관의 힘'은 사람들이 각자 무엇을 소원해야 하는지는 가르쳐주지 않는다. 사고 습관이 긍정적이든 부정적이든 상관없이 모든 사고 습관에 작용하여 행동에 동기를 부여함으로써 현실적인 결과로 바꾸어 놓는다.

신비한 습관의 힘은 개개인의 사고 습관을 고정하는 것뿐만 아니라 단체와 대중의 사고 습관까지 고정한다. 예를 들어 항상 질병에 대해서 생각하고 말하는 사람은 처음에는 상상의 질병을 앓는 심기증心氣症 환자로 간주되지만, 그런 습관이 굳어지면 실제 증상을 보이기 시작한다.

습관의 힘도 이와 마찬가지다. 어떤 생각을 반복하여 마음속에 고정하면, 모종의 수단을 통해 실제의 물리적인 결과로 전환되는 것이다.

세계에서 가장 부유하다는 미국에서조차도 4분의 3 이상의 사람이 인생을 가난과 궁핍 속에서 살아간다는 사실은 매우 슬픈 일이 아닐 수 없다. 그 이유는 신비한 습관의 힘 원리를 깨우친다면, 이해하기가 어렵지 않을 것이다.

이렇듯 가난에 집중하는 생각, 가난에 대한 두려움, 가난과 관련된 언어 습관의 결과로 '빈곤 의식'이 생기고, 그 직접적인 결과로 가난해지는 것이다. 당신이 부유하게 되기를 소망한다면 의식을 부유한 쪽으로 향하게 하고, '번영 의식'을 발달시켜야 한다. 그러면 경제적인 상황이 얼마나 빨리 호전되는지를 확인하게 될 것이다.

그런데 무엇을 소망하는 '의식'이 먼저 이루어진 다음에 소망의 현실적인 성과가 뒤따르는 법이다. 그 '의식'은 당신의 책임이다. 그것은 당신이 일상적인 사고와 명상에 의해서 창조해야 한다. 그렇게 하면 당신은 만물의 창조주 못지않은 힘을 가질 수 있게 된다.

어느 위대한 철학자는 이렇게 말했다.

"가난하거나 질병이 있다는 것은 신념이 부족하다는 것을 스스로 고백하는 것이다."

우리는 수없이 신념을 지키겠다고 선언하지만, 우리의 행동은 우리의 약속을 배반한다. 신념은 행동에 의해서만 영원해질 수 있는 마음가짐이다. 단지 믿음만으로는 불충분하다. 위대한 철학자가 "일하지 않는 신념은 죽은 것이다"라고 말한 것처럼.

습관의 힘은 대자연이 창조해낸 것이다. 하늘에 떠 있는 거대한 별에서 눈에 보이지도 않는 물질의 원자에 이르기까지 질서와 규칙과 조화를 우주 전체에 실현하는 보편적인 원리다.

습관의 힘은 강자와 약자, 부자와 빈자, 병자와 건강한 자들이 평등하게 사용할 수 있는 힘이다. 그리고 성공철학의 열일곱 가지 원칙의 주요 목적은 사고 습관을 형성하도록 자제력을 통해 '신비한 습관의 힘'을 받아들이게 하는 데 있다.

마스터키를 갖는 성공철학의 17가지 원칙

이제 성공철학의 열일곱 가지 원칙에 대해 간단히 알아보고, 그 원칙과 '신비한 습관의 힘'이 무슨 관계가 있는지 알아보도록 하자. 먼저 성공철학의 열일곱 가지 원칙이 서로 어떻게 연관되어 상호작용을 하며, 모든 문제를 해결할 수 있는 '마스터키'를 어떻게 형성하는지 살펴보자.

01_ 보상을 생각하지 않고 일하는 습관

타인에게 유익한 봉사를 하자는 원칙이기 때문에 가장 첫 번째 자리를 차지하게 되었다. 이러한 마음가짐은 두 번째 원칙을 위한 준비과정이기도 하다.

02_ 명확한 목표

명확한 목표를 세워야만 보상을 생각하지 않고 일하는 게 가능해지며, 그럼으로써 목표에 더욱 다가가 확실한 효과를 얻게 된다.

오직 이 두 가지 원칙만이 모든 사람을 성공의 사다리로 높이 오르게 할 수 있지만, 인생의 원대한 목표를 세운 사람들은 사다리를 오르는 도중에도 많은 도움을 필요로 한다. 그런 도움은 세 번째 원칙을 적용함으로써 얻을 수 있다.

03_ 마스터 마인드

이 원칙을 적용함으로써 한 사람의 마음만으로는 불가능한 큰 힘을 경험하게 된다. 마스터 마인드는 서로에게 모자란 부분을 채워주고, 인류에게 축적된 모든 지식 중에서 필요한 부분을 취할 수 있게 한다. 그러나 이런 힘은 네 번째 원칙을 통해 안내받지 않으면 완벽하게 작용하지 않는다.

04_ 신념

신념이 작용함으로써 사람들은 우주의 무한한 지혜와 조화를 이루기 시작한다. 또한 신념이 작용함으로써 모든 두려움·탐욕·불안·미신·걱정·의심을 정복하고, 자신의 마음을 완벽하게 소유하기 시작한다.

이러한 네 가지 원칙을 '빅 포'라고 부르는데, 평범한 사람들이 성공에 도달할 수 있도록 막대한 힘을 제공한다. 그러나 그런 원칙들은 다섯 번째 원칙에 부합되는 사람, 즉 성공에 꼭 필요한 자질을 갖춘 사람에게만 적용된다.

05_ 유쾌한 성격

유쾌한 성격은 자기 자신이나 자신의 아이디어를 홍보할 때 매우 유리한 방편이 된다. 그러므로 유쾌한 성격은 마스터 마인드 연합에서 주도적인 영향력을 발휘하고 싶어 하는 사람에게는 필수적인 요소다.

그런데 앞에 나온 네 가지 원칙을 실천하는 사람이라면, 유쾌한 성격을 지니게 되어 있다. 그러나 이 다섯 가지 원칙은 사람들에게 엄청난 힘을 제공하지만, 실패에 대항하기에는 충분하지 않다. 실패란 인생을 살아가면서 여러 번 만나야 하고, 그렇기 때문에 여섯 번째 원칙을 필수적으로 이해해야 한다.

06_ 실패에서 배우는 습관

이 원칙에 '습관'이라는 말이 들어 있음을 주목하라. 이 원칙은 모든 실패를 습관에 관한 문제로 이해하고 적용해야 한다는 것을 의미한다. 당신의 계획이 어쩔 수 없는 난관에 부딪쳐 무너져버렸을 때, 이 원칙을 적용하여 새로운 출발을 향해 의욕을 얻을 수 있을 것이다.

이러한 여섯 가지 원칙을 적용하면 당신의 인생이 어떻게 변하는지 알 수 있을 것이다. 유쾌한 성격을 유지함으로써 사람들의 협조를 보장받으며, 우주의 무한한 지혜와 신념을 통해 발휘하는 힘을 얻을 수 있게 된다. 또 실패라는 장애물은 오히려 디딤돌로 삼는 법을 배울 수 있을 것이다.

따라서 인생의 명확한 목표를 향해 전진하는 사람들은 이 모든 이익 위에 일곱 번째 원리를 적용함으로써 화려한 경력을 쌓을 수 있게 된다.

07_ 창조적인 선견지명

창조적인 선견지명이란 미래를 내다보고, 그것을 과거와 비교하여 판단하는 것이며, 거기에 상상력을 동원하여 목표를 향해 새롭고 더 발전된 계획을 세울 수 있다.

창조적인 선견지명은 특히 육감을 통해 그 놀라운 힘을 발휘한다. 그러나 이러한 원칙을 실제 생활에서 제대로 사용하기 위해서는 여덟 번째 원칙을 선택하고 적용해야 한다.

08_ 자발적인 자세

자발적인 자세는 명확한 목표를 향해 행동을 시작하고 계속 실천하게 한다. 또한 우유부단 · 무관심 · 게으름 등 파괴적인 습관을 확실하게 몰아낸다.

이 원칙은 앞에 나온 일곱 가지 원칙과 상호작용하여 '습관 생산자'로 탁월한 효과를 발휘한다. 어떤 원칙도 자발적으로 적용하지 않고는 습관이 될 수 없음은 명백한 사실이기 때문이다. 특히 인간이 완벽한 통제 권한을 갖도록 조물주가 부여한 유일무이한 수단이라는 것을 명심할 때 이 원칙의 중요성은 더욱 커진다.

그런데 사람의 생각은 스스로 조직하고 방향을 잡지 못한다. 사람들이 자발적으로 부여하는 안내나 영감, 도움 등을 필요로 하는데, 이런 자발적인 자세도 때로는 방향을 잘못 잡을 때가 있다. 그러므로 아홉 번째 원칙을 적용함으로써 추가 안내를 받을 필요가 있다.

09_ 치밀한 사고력

치밀한 사고력은 자발적인 자세 때문에 생기는 오류를 확실하게 예방할 뿐만 아니라 판단 착오 · 어림짐작 · 성급한 결단을 예방한다. 그런 일이 생긴다고 해도 흔한 말로 '머리'라고 부르는 이성의 힘을 동원해 수정함으로써 신뢰할 수 없는 감정이 영향을 미치지 못하게 한다.

이와 같은 아홉 가지 원칙을 정복한 사람은 굉장한 힘을 소유하겠지만, 그런 힘은 열 번째 원칙을 적용함으로써 조절, 지배되지 않으면 오히려 위험한 힘이 될 수 있고, 종종 그런 일이 벌어지고 있다.

10_ 자제력

자제력은 단순히 요구한다고 얻어지는 게 아니며 빠른 시일 내에 획득되지도 않는다. 조심스럽게 형성되고 유지되는 습관의 소산으로, 몇 년간 수고와 노력을 기울여야만 획득할 수 있다. 자제력은 철저히 의지의 소산이기 때문이다.

수많은 사람이 앞에 나온 아홉 가지 원칙을 적용하여 막강한 힘을 갖게 되었지만, 그런 힘을 사용하는 데 자제력이 부족해서 결국 재앙을 낳거나 실패를 맛보아야 했다. 따라서 자제력의 원칙을 받아들이고 사용할 때 거대한 적인 자기 자신을 완벽하게 지배하게 될 것이다. 특히 자제력은 열한 번째 원칙을 적용함으로써 시작된다.

11_ 집중력

집중력 역시 의지의 소산이다. 자제력과 너무나 밀접한 관계에 있기 때문에 이 두 가지를 가리켜 성공철학의 '쌍둥이 형제'라고 부른다. 집중력은 사람들로 하여금 에너지의 낭비를 막고, 명확한 목표에 집중하게 한다. 집중력을 통해 명확한 인생의 목표가 잠재의식에 새겨지므로 필요불가결한 것이다.

지금까지 말한 원칙들을 적용함으로써 당신의 능력이 얼마나 크게 성장할 수 있는지를 이해했을 것이다. 그러나 이러한 원칙들조차 인생의 갖가지 상황에 대비하기 위해서는 충분하지 못하다. 살다 보면 많은 사람의 적극적인 협력을 얻어야 할 때가 있기 때문이다. 그런 협력을 제공하는 사람들은 열두 번째 원칙을 적용하여 얻을 수 있다.

12_ 협력

협력이란 마스터 마인드 원리와는 다른 것이다. 협력은 인간관계에서 필요한 한 부분이고, 명확한 공동의 목표를 향해 완벽하게 연합하지 않고도 이루어질 수 있기 때문이다. 그러나 타인의 협력이 없으면 사람들은 원대한 성공의 목표에 도달할 수 없다. 협력은 타인의 마음속에 자기가 차지하는 공간이 얼마나 되는지를 측정하는 가장 가치 있는 수단이다.

예를 들어 고객에게 친절한 협력을 부여하면 다시 상품을 구매하게 하고, 확실한 단골이 될 수 있게 한다. 그러므로 협력은 무슨 직업에 종사하든지 적용되는 성공철학의 명백한 원칙이다. 이러한 협력은 열세 번째 원칙을 적용함으로써 훨씬 자유롭고 적극적으로 얻을 수 있다.

13_ 열정

열정은 타인의 협력을 얻는 데 도움을 줄 뿐만 아니라, 이보다 훨씬 중요한 작용을 한다. 즉, 열정은 사람들이 내적인 능력에 집중하여 상상력을 발휘하도록 영감을 준다. 또한 자발적으로 행동하고, 집중력을 발휘하도록 유도한다.

열정은 유쾌한 성격의 가장 중요한 요소이며, 기꺼이 보상을 생각하지 않고 일하게 만든다. 이러한 모든 이득 외에도 열정을 가진 사람이 하는 말에는 힘과 신념이 들어간다. 열정은 동기의 소산이지만, 열네 번째 원칙이 없으면 유지하기가 어려워진다.

14_ 건강의 습관

건강한 신체는 건강한 마음의 바탕이 된다. 그렇기 때문에 건강한 신체는 영구적인 성공의 필수 요소다. '성공' 이라는 말이 행복을 위한 모든 필요조건을 포함한다고 가정한다면 말이다.

그리고 여기서 다시 한 번 '습관' 이라는 말이 중요한 의미를 갖게 된다. 건강은 올바른 생활 습관에 의해서만 지켜지고, 자제력을 통해서 유지될 수 있기 때문이다. 다시 말해 '건강한 의식'에서 비롯된다고 할 수 있다.

건강은 열정을 위한 기초를 제공하고, 열정은 건강을 촉진시킨다. 그리하여 그 두 가지는 닭과 달걀의 관계가 되어버린다. 닭이 먼저인지, 달걀이 먼저인지 도저히 결정할 수 없지만, 두 가지 모두 서로의 생존을 위해서는 필수적인 요소들이다.

15_ 시간과 돈을 계획해서 사용

많은 사람이 시간과 돈 모두를 자유롭게 쓰고 싶어 하면서도 절대 미리 계획하거나 관리하려고는 하지 않는다. 심신의 독립과 자유와 같은 인류의 가장 큰 두 가지 열망은 자제력을 동원하여 엄격하게 예산을 짜지 않으면 영원히 실현되지 못한다. 그렇기 때문에 이 원칙은 성공철학에서 가장 중요한 필수 요소라고 할 수 있다.

이로써 성공을 향해 개인적인 능력을 획득함에 있어서 가장 기초적인 부분까지 도달하게 되었다. 그런 능력의 근원이 무엇이며, 그것을 어떻게 계발해서 원하는 목표에 마음껏 사용하는지를 지금까지 배웠다. 그런데 현명하지 못한 사람들이 자기 자신과 타인을 파괴하는 데 그 능력을 적용할 수도 있다. 그러므로 올바르게 사용하도록 필히 열여섯 번째 원칙의 안내를 받아야 한다.

16_ 황금률 실천

여기에서는 '실천'이라는 말에 유념해야 한다. 황금률의 건전성에 대해서는 간단히 요약하기가 어렵다. 지속적인 이득이 되기 위하여, 성공을 위한 개인적인 능력을 사용하는 데 안전한 길잡이가 되기 위하여 황금률은 어떤 대인관계에서든지 습관처럼 적용해야 한다.

그러므로 이것은 명령이나 마찬가지다. 이 심오한 룰을 적용함으로써 생기는 이득은 그것을 습관으로 발전시키는 노력이 있어야만 획득이 가능해진다. 이 룰을 지키며 살지 않을 경우 받게 될 벌은 일일이 설명하기가 어려울 정도로 많다.

지금까지 우리는 성공을 위한 개인적인 능력과 그것을 잘못 사용하지 않으려면 어떻게 해야 하는지를 살펴보았다. 그렇다면 이제는 그런 능력이 평생 동안 안전하게 지속될 수 있게 하는 수단이 무엇인지 알아보는 것이다. 열일곱 번째이자 마지막 원칙이 그 해답을 제공할 것이다. 그리고 이 원칙은 이 성공철학의 장점이라고 할 수 있다.

17_ 신비한 습관의 힘

신비한 습관의 힘이란 모든 습관을 고정시켜 영원히 지속시키는 원리다. 앞에서 이야기한 바와 같이 이 원리는 지금까지 열거한 열여섯 가지 원칙이 서로 융합해 하나가 되도록 통제하는 역할을 한다.

또한 이 원리는 우주의 모든 자연법칙을 통제하고, 앞에 나온 원칙들을 적용할 때 습관화되도록 고정하는 원리이기도 하다. 그리하여 '습관의 힘' 원리를 성공에 도달하기 위해서는 너무나 필수적인 '번영 의식'을 조절하는 역할을 한다.

앞에 나온 열여섯 가지 원칙은 단순히 이해한다고 해서 성공을 위한 개인적인 능력으로 굳혀지는 게 아니다. 이해하는 것뿐만 아니라 하나의 습관처럼 적용되어야 하는 것이다. 습관은 '신비한 습관의 힘' 원리가 작용하는 유일한 일터이기 때문이다.

신비한 습관의 힘은 앞에서 자주 언급했던 인생이라는 거대한 강과 똑같은 의미를 지닌다. 모든 형식의 에너지가 그렇듯이 인생은 부정적인 잠재력과 긍정적인 잠재력으로 함께 구성되기 때문이다. 이것은 부정적인 잠재력이 적용되면 접촉하는 모든 것에게 최면술 같은 효력을 내기 때문에 '최면 리듬'이라고 불린다. 그런 효과가 모든 사람에게서 어떤 식으로든 나타난다는 것을 당신도 익히 알고 있을 것이다.

따라서 그것은 빈곤 의식을 습관으로 고정시키는 유일한 수단이다. 그리고 두려움·질투·탐욕·복수·자포자기 같은 습관들을 만들며, 좌절과 무관심의 습관을 고정시킨다. 또한 수백만 명의 사람이 평생 동안 상상의 질병으로 고통 받는 심기증의 습관을 만들고, 수백만 명의 자신감을 좀먹는 '실패 의식'의 창조자이기도 하다.

간단히 말해 부정적인 잠재력은 본질이 무엇이든 간에 모든 부정적인 습관을 고정시킨다. 그러므로 그것은 인생이라는 거대한 강에서 '실패' 쪽에 속한다.

반면 강의 '성공' 쪽은 보상을 생각하지 않고 일하는 습관, 명확한 목표, 황금률 실천 등 앞에 나온 성공철학의 원칙들에서 이득을 얻기 위해 사람들이 계발하고 적용할 수 있는 기타 모든 건설적인 습관을 고정시킨다.

말이 될 것인가
기수가 될 것인가

이제 '습관'이라는 단어에 대해 자세히 알아보자. 《웹스터 사전》에는 다음과 같은 정의를 내려놓았다.

습관이란 반복함으로써 굳어진 성질이나 버릇을 의미한다.

그러나 《웹스터 사전》 정의에는 모든 습관을 고정하는 원리에 대한 설명이 빠져 있다. 이 사전을 편집한 사람들은 '신비한 습관의 힘'이 무엇인지를 분명히 몰랐을 것이다. 그런데 참으로 의미심장한 한 마디가 들어 있다. 바로 '반복'이라는 말이다. 어떤 습관이든 반복을 통해 시작되기 때문이다.

예를 들어 명확한 목표는 반복해서 생각함으로써, 즉 그런 생각을 마음속에 반복함으로써 습관으로 굳어진다. 불타는 열망을 갖고 생각을 반복적으로 상상력에 제시함으로써, 마침내 상상력은 열망을 성취하기 위한 실제 계획을 만들어낸다.

다시 말해 열망과 신념을 갖고, 그것을 매우 집중적으로 반복 생각함으로써, 열망하는 대상을 성취하기도 전에 이미 소유했다고 의식하게 되는 것이다. 따라서 자발적으로 긍정적인 습관을 형성하기 위해서는 자제력·인내·의지력·신념의 적용이 필수적이다. 그 모든 것은 앞에 나온 성공철학의 원칙들을 실천하는 사람들만이 가질 수 있는 능력이다.

자발적으로 습관을 형성하는 것은 자제력이 가장 고도로 적용된 경우라고 할 수 있다. 자발적으로 긍정적인 습관을 형성하려는 태도는 명확한 목표를 달성하기 위해 불태우는 의지력의 소산이다. 명확한 목표는 '신비한 습관의 힘'을 갖지 않은 사람에게는 생겨나지 않는다.

명확한 목표는 생각과 행위의 반복을 통해 마음속에 단단히 심어져야 한다. 그렇게 함으로써 신비한 습관의 힘에 인계되어 고정된 뒤 자동적으로 작용을 시작한다. 습관이라는 말은 성공철학과 관련하여 중요한 의미를 지닌다. 모든 사람의 인생에서 경제·사회·직업·정신적인 수준을 가늠하는 진정한 원인이기 때문이다.

우리는 우리의 고정된 습관 때문에 현재의 위치에 서게 되었다. 그리고 자발적인 습관을 발전시키고 유지해야만 원하는 위치로 옮겨갈 수 있다. 그러므로 이 성공철학이 반드시 '신비한 습관의 힘', 즉 모든 습관을 고정하는 힘을 이해하고 적용할 수 있게 해주는 것이다.

또한 성공철학의 원칙들의 주요 목표는 자기 마음을 완벽하게 소유하는 수단으로서 필수적인 습관들을 발달시키도록 도와주는 것이다. 이 원칙들 역시 당신의 습관으로 만들어야 한다. 정신력은 적극적으로 인생의 강가에 다다르게 해주기 때문에 성공철학의 목적은 '성공'의 강가를 향해 정신을 집중하는 사고와 행위의 습관을 발달시키고 유지하게 하는 것이다.

바랄만 한 가치가 있는 것에는 늘 값이 매겨져 있는 것처럼 성공철학을 통달하고 소화하기 위해서도 적당한 값을 치러야 한다. 그 값은 영원히 경계를 늦추지 않는 자세와 인내심이다. 가난·곤궁·환멸 대신 자기가 원하는 조건으로 인생에서 보상을 받아내는 의지력도 그 값에 해당한다.

인생을 사는 방법에는 두 가지 길이 있다. 하나는 인생이 달리도록 말이 되는 것이다. 또 다른 하나는 인생을 말로 삼아 달리는 기수가 되는 것이다. 말이 되든지 기수가 되든지 무엇을 선택할지는 당신의 선택에 달려 있지만, 이 점만은 분명하다. 인생의 기수가 되기로 선택하지 않는다면 말이 되는 수밖에 없다는 것이다. 인생은 스스로 달리지 않으면 누군가를 태운다. 절대 멈춰 서 있지 않는다.

신비한 습관의
힘과 자아

성공철학의 학생으로서 당신은 사고의 힘을 현실적인 성과로 전환시킬 수 있는 방법에 관심을 가져야 한다. 또한 타인과 조화롭게 어울리는 법을 배우는 데에도 관심을 가져야 한다. 그런데 불행히도 미국의 공립학교들은 이 두 가지 중요한 사항에 대해 아무것도 가르쳐주지 않고 있다.

헨리 링크Henry Link 박사는 이렇게 말했다.

"우리의 학교 제도는 정신적인 발달에만 집중함으로써, 정서적이고 개성 있는 습관을 획득하거나 수정할 수 있는 방법을 알려주는 데 실패했다."

그의 비판은 근거 없는 말이 아니다. 공립학교 제도는 링크 박사가 지적한 책임을 완수해내지 못했다. 신비한 습관의 힘 원리는 최근에야 인정받기 시작했는데, 아직도 대다수의 교육자는 크게 중점을 두지 않고 있다.

우리의 모든 행동은 사실상 걸음마를 시작할 때부터 쌓아온 습관의 결과다. 우리가 걷고 말하는 것이 습관이다. 우리가 먹고 마시는 방법도 습관이다. 성행위 역시 습관의 결과다. 긍정적인 사람이든 부정적인 사람이든 우리가 타인과 관계를 맺는 것도 습관의 결과다. 하지만 우리가 습관을 왜, 어떻게 형성하는지 아는 사람은 거의 없다.

습관은 사람의 자아와 떨어질 수 없는 관계에 있다. 그러므로 너무나 잘못 이해되고 있는 '자아^{Ego}'라는 주제를 놓고 자세히 알아보기로 하자.

먼저 자아는 신념과 기타 모든 마음가짐을 가능하게 하는 수단이라는 점을 분명히 알고 있어야 한다. 성공철학에서 가장 중요한 점은 소극적인 신념과 적극적인 신념을 구분하는 데 있다. 자아는 행동을 표현하는 수단이다. 그러므로 자아를 가장 잘 이용하기 위해서는 그 본질과 가능성에 대해 알아야 한다. 또한 자아가 행위를 자극하는 방법과 명확한 목표에 도달하도록 인도하고 통제하는 방법도 배워야 한다. 특히 자아가 허영심을 표현하기 위한 수단이라고 믿는 실수를 저지르지 말아야 한다.

자아라는 단어는 라틴어에서 유래했는데, '나'라는 뜻이다. 동시에 행동을 통하여 소망을 신념으로 바꾸는 수단이며 추진력이기도 하다.

자아의
가치

사람은 두 가지 힘으로 구성되어 있다. 하나는 유형적인 부분으로 인간의 신체를 말하며, 그것은 각각 지능과 에너지를 갖고 있는 수억 개의 세포로 이루어져 있다. 또 다른 하나는 무형적인 부분으로 자아를 말한다. 그것은 인간의 사고와 행위를 조절하는 치밀한 통제자다.

과학은 인간의 만질 수 있는 부분이 약 17개의 화학성분으로 구성되어 있음을 밝혀냈으며, 72킬로그램의 무게가 나가는 사람을 예로 들어 다음과 같이 설명했다.

43킬로그램의 산소

17킬로그램의 탄소

7킬로그램의 수소

2킬로그램의 질소

2킬로그램의 칼슘

170그램의 염소

11그램의 황

99그램의 칼륨

85그램의 나트륨

7그램의 철

71그램의 불소

57그램의 마그네슘

43그램의 규소

그밖에 소량의 비소 · 요오드 · 알루미늄 등이 포함되어 있다.

이렇게 사람의 유형적인 부분은 상업적으로는 몇 센트의 가치밖에 없고, 어느 화학공장에서도 구입이 가능한 것이다. 그러나 사람의 무형적인 부분인 자아는 어떤 값을 주고도 살 수 없는 힘이며, 바라는 패턴으로 고정되도록 발달시킬 수 있다. 그런 발달은 '신비한 습관의 힘' 원리를 통해 형성되는 조직적인 습관 속에서 이루어 진다.

인류에게 값진 공헌을 하는 사람과 단순히 세상에서 자리만 차지 하는 사람의 주된 차이는 주로 자아의 차이 때문에 발생한다. 왜냐 하면 자아는 인간의 모든 행동 범주를 넘어서는 추진력을 제공하기 때문이다.

모든 사람의 주요 소망 대상인 심신의 자유는 자아를 이용하고 발달시키는 정도에 정확히 비례하여 구현된다. 자신의 자아와 적절 히 관계를 맺고 있는 사람들은 무엇을 원하든지 간에 자유를 소유하 게 되어 있다.

사람의 자아는 다른 모든 사람과 어울리는 방법을 결정한다. 그 런데 이보다 더 중요한 사실은 자아가 자기 자신과 어떤 관계를 맺 을지 결정함으로써 모든 희망, 목표를 형성하여 인생의 방향까지 결 정짓는다는 것이다. 사람의 자아는 그것과 관계하는 방법에 따라 거 대한 재산 또는 거대한 책임이 될 수 있다. 자아는 '신비한 습관의 힘'의 자동적인 작동을 통해 굳어진 사고 습관의 총계다.

큰 성공을 거둔 사람들은 모두 잘 발달되고 고도로 훈련된 자아 를 소유하고 있는데, 이 외에도 자아와 관련된 자제력이 중요한 역 할을 했다.

자아를
성숙시키는 방법

모든 성공의 출발점은 자아가 '성공 의식'을 불러일으킬 수 있도록 계획을 세우는 것이다. 성공한 사람들은 자신의 자아를 적절히 발달시키고, 그 속에 소망하는 목표를 각인시키고, 두려움이나 의심처럼 스스로 만든 올가미를 제거함으로써 그렇게 될 수 있었다.

자기 암시(또는 자기 최면)는 사람들이 자신의 자아와 조화를 이루는 수단이며, 바라는 목표에 도달하게 하는 수단이다. 이러한 자기 암시가 신념으로 굳어질 때 자아는 무한한 힘을 갖게 된다.

자아는 살아 있고 행동을 하며, 계속 양분을 섭취하며 힘을 유지한다. 신체와 마찬가지로 자아는 양분 없이는 하루도 지탱할 수 없다.

자아는 명확한 목표를 섭취해야 한다.

자아는 자발적인 자세를 섭취해야 한다.

자아는 잘 조직한 계획을 통해 꾸준한 활동을 섭취해야 한다.

자아는 열정을 섭취해야 한다.

자아는 명확한 목표를 향한 통제된 자제력을 섭취해야 한다.

자아는 치밀한 사고력을 섭취해야 한다.

또한 자아는 자기 자아의 주인이 되기 전에는 어떤 사물과 사람의 주인도 될 수 없다.

많은 거부가 무일푼에서 출발했다는 사실은 자아의 노력으로 그러한 역경과 다른 모든 두려움을 얼마든지 정복할 수 있다는 것을 의미한다. 그리고 자아 속에서 성공철학의 모든 원칙이 복합적인 효과를 발휘하며 상호작용된다.

따라서 당신이 발휘할 수 있는 가장 중요한 힘, 즉 인생의 야망을 달성할지 못할지를 결정하는 유일한 힘은 당신의 자아에 의해 결정된다는 사실을 명심해야 한다.

섹스는 사람이 가진 위대한 창조적 에너지다. 그것은 자아와 명백한 관계가 있으며, 자아의 중요한 부분이기도 하다. 섹스와 자아는 그 두 가지 모두 건설적인 적용은 물론 파괴적인 적용이 가능하기 때문에 세간의 평판이 좋지는 못하다. 그러나 두 가지 모두 인류의 역사 초기부터 무지로 인해 악용되어왔다.

자아의 표현을 통해 자기 자신을 불쾌한 존재로 만드는 에고이스트들은 그것을 건설적으로 사용하는 방법을 발견하지 못한 사람들이다. 자아의 건설적인 적용은 희망·꿈·목표·야망과 계획을 실현하는 것이며, 허풍이나 자기애로 구현되지는 않는다. 자아를 통제할 줄 아는 사람들의 모토는 '말이 아니라 행동'이다.

위대한 인물이 되고자 하는 열망, 인정받고 싶은 열망, 성공을 위한 능력을 갖고 싶은 열망은 건강한 열망들이다. 그러나 자신이 뛰어나다고 대놓고 떠벌리는 것은 자신의 자아를 완벽하게 소유하지 못했다는 것을 스스로 드러내는 것이다. 게다가 그런 허풍은 두려움이나 열등감을 감추기 위한 구실에 지나지 않을 뿐이다.

자아를
발달시키는 6단계

　　　　　　　　자아의 본질을 이해한다면 마스
터 마인드 원리가 얼마나 중요한지도 깨달을 수 있을 것이다.

사람들은 반드시 어떤 동기에 의해 타인과 어울리게 되어 있다.
모호한 동기에 근거하거나 전혀 동기 없이 이루어지는 영구적인 인
간관계는 있을 수 없다.

마스터 마인드 연합의 구성원들은 당신의 희망·꿈·목적에 완
벽하게 공감하고, 어떤 방식으로든 당신과 절대 경쟁하지 않는다.
그들은 당신이 인생의 목표에 도달하도록 그들 자신의 소망과 개성
을 기꺼이 차선으로 미룰 줄 안다. 그들은 당신과 당신의 성실성을
확신하고 있으며 존중할 줄 안다. 그리고 기꺼이 당신의 장점을 들
추어내면서도 단점은 참작하는 선에서 그친다.

또한 당신이 언제까지나 자기 방식대로 살아가도록 인정해줄 줄
도 안다. 따라서 그들이 당신에게 그런 것처럼 당신도 그들에게 그런
이득을 주어야 한다. 크게 성공한 사람들은 언제나 의도적으로 자신
의 자아에게 양분을 제공하고 통제해왔다. 그리고 자신의 자아를 정
복하지 않으면 어떤 직업에서도 성공할 수 없다는 것을 알았다.

자아를 적절히 발달시키는 방법은 다음과 같다.

01 명확한 목표에 도달하기 위해 서로 협력할 수 있는 한 명 이상
　　의 사람들과 친분을 유지하며, 그런 연합을 적극적으로 계속

진행한다. 이때 연합은 성격·교육·성별과 나이가 그 연합의 목적과 부합되는 사람들로 구성한다.

예를 들어 앤드류 카네기의 마스터 마인드 연합은 20명 이상의 사람들로 구성되어 있었는데, 그들 모두 성격·경험·교육 등 연합의 목적과 직접 관련된 지식수준이 모임의 목적과 부합되었다.

02 연합의 목표를 달성하기 위해 모든 구성원의 아이디어를 모아 계획을 세우고, 그것을 준수한다.

이때 불건전하거나 부적절한 것으로 판명된 계획이 있다면 보완하거나 다른 것으로 대체시킨다. 다만, 연합의 목적까지 변화되어서는 안 된다.

03 열등감이나 무력감을 조금이라도 불러일으키는 사람과 상황이라면 적극적으로 피한다. 부정적인 환경에서는 건전한 자아가 자라지 않기 때문이다. 또한 우정이나 의무 또는 학연이나 혈연 등 과거에 어떤 관계였던지 간에 그런 감정을 불러일으키는 사람과도 분명히 선을 긋는다.

04 열등감이나 불쾌한 감정을 일으키는 과거의 경험에 대해서도 문을 꼭 걸어 잠근다. 건강하고 생명력 있는 자아는 과거의 불쾌한 경험에 대한 기억 속에서는 자라지 않기 때문이다.

생각은 사람의 자아를 건설하는 데 필요한 벽돌과 같다. 우주의 습관의 힘은 그런 생각의 벽돌을 영원히 이어붙이는, 즉 습관으로 만드는 시멘트다.

05 닮고 싶은 모범을 만들고, 그에 관한 것들로 주위를 가득 채운다. 예를 들어 당신이 작가라면 존경하는 작가들의 사진이나 작품으로 장식한 공간에서 작업하는 게 유익할 것이다. 자기 작품과 관련된 책들을 책장 가득 채우는 것도 좋다. 바라는 자아상을 은연중에 잠재의식 속에 새기는 것이다.

06 적당히 발달된 자아는 언제나 통제를 받아야 가능해진다. 통제를 벗어난 자아는 병적인 자기중심주의로 흘러 타인은 물론 자기 자신을 파괴해버린다.

병적인 자기중심주의는 타인을 강제로 통제하려는 광적인 열망으로 나타나는데, 아돌프 히틀러나 베니토 무솔리니, 폭군 황제들이 바로 그런 사람들이다. 그러므로 자아 발달의 모토는 '너무 많아서도 안 되고, 너무 적어서도 안 된다' 이다.

또한 나폴레옹 보나파르트는 세인트 헬레나 섬으로 귀양을 간 뒤, 자아가 억압받자 그로 인해 죽어갔다. 이처럼 바쁘게 생활하다가 모든 활동을 그만두고 은퇴한 사람들은 금세 기력을 잃고 사망하기까지 한다. 따라서 건강한 자아는 언제나 사용되고 완벽한 통제를 받아야 하는 것이다.

한 여인의
선택

1929년 대공황이 시작될 무렵, 작은 미용실을 운영하던 여인이 자기 가게의 구석방을 오갈 데 없는 중년 남자에게 내주었다. 그 남자는 가진 돈은 없었지만, 화장품 제조법에 관해서는 상당한 지식을 갖고 있었다.

미용실을 운영하던 여인은 그에게 잠자리를 제공해주었음은 물론 매장에서 사용하는 화장품을 제조하는 기회까지 마련해주었다. 이내 두 사람은 마스터 마인드 연합으로 들어갔는데, 동업 형식으로 그녀는 원료 구입비를 대고, 남자는 제조를 담당하기로 했다. 그들은 그렇게 만든 제품을 가가호호 방문판매할 계획이었다.

두 사람 사이의 마스터 마인드 연합은 몇 년 사이에 큰 효과를 냈으며, 마침내 25년의 나의 차이를 극복하고 결혼까지 하게 되었다. 남편은 한때 화장품업계에서 꽤 활발한 활동을 했지만 큰 성공을 거두지는 못했다. 젊은 부인은 미용실을 운영하며 근근이 살아가고 있었다. 이 두 사람의 행복한 결합은 금전적인 면에서 예전에 맛보지 못한 막대한 이득을 가져다주었다.

대공황이 시작될 무렵, 미용실의 구석방에서 시작된 화장품 사업은 8년 뒤 공황이 끝날 무렵에는 거대한 공장에 200명 이상의 상근 직원과 4,000명 이상의 방문판매원을 둔 대규모 사업체로 성장했다.

부부는 200만 달러 이상의 수입을 기록했다. 화장품이 팔리기 어려운 경제공황 시기에 거둔 성과였기에 더욱 값진 것이었다. 이 두 사람의 이름을 밝히고 싶지만, 이제 이야기할 그들의 독특한 생활방식 때문에 아직은 비밀로 해두는 게 좋을 것 같다. 물론 그렇게 해도 성공의 교훈은 얼마든지 얻을 수 있다.

두 사람이 마스터 마인드 연합을 만든 동기는 명확히 경제적인 이유였다. 부인은 전혀 생활능력이 없는 남자와 결혼에 한 번 실패한 적이 있었다. 전 남편은 갓난아이와 아내를 버리고 떠났다. 중년 남자 역시 결혼에 실패한 경험이 있었다. 두 사람의 결혼에 애정은 개입되어 있지 않았다. 동기는 오로지 경제적인 자립이었다.

회사와 공들여 만든 집은 나이 먹은 남편이 완전히 지배했는데, 그는 두 가지 모두 자신이 홀로 이루었다고 생각하고 군림하다시피 했다. 그래서 부부의 집은 비싼 가구들로 채워놓았지만, 어느 누구도 심지어 초대받은 손님들조차 '가장이자 주인'인 그의 허락 없이는 피아노를 쳐보거나 거실의 의자에 앉을 수 없었다.

손님용 식당에는 화려한 가구와 '행사용'으로 쓰이는 거대한 식탁이 놓여 있었지만, 식구들은 절대 그곳을 이용할 수 없었다. 가족은 거실에서 식사를 해야 했는데, 그가 선택한 음식 외에는 어떤 것도 식단에 올릴 수 없었다. 또한 정원사가 정원을 가꾸었지만, 누구도 그의 특별한 배려 없이는 꽃 한 송이도 얻어갈 수 없었다.

뿐만 아니라 가족들 사이에 오가는 정다운 대화는 없고 오로지 그가 주관하는 이야기뿐, 그가 허락하지 않는 한 누구도 끼어들거나 맞장구조차 칠 수 없었다. 아내는 남편이 요구하지 않으면 절대 입을 열지 않았다. 그녀는 남편의 신경을 건드리지 않기 위해 언제나 조심스럽고도 간단명료하게 말했다.

이윽고 두 사람의 사업은 합병되고 남편이 사장으로 취임했다. 그는 화려하게 꾸민 사무실의 책상에 앉아 매우 흡족한 듯이 정면에 걸려 있는 거대한 자기 초상화를 무려 한 시간이나 바라보곤 했다. 게다가 그는 때때로 많은 사람 앞에서 불황을 이겨내고 성공한 스토리를 자랑했지만, 절대 아내의 이름은 거론하지 않았다.

그의 아내는 매일 회사에 출근했지만 사무실도 책상도 없었다. 그녀는 근로자들 사이를 누비고 다니며 여자 직공들을 도와 포장 일을 거들고는 했다. 남편의 이름은 상품, 포장지, 광고 등 등장하지 않는 곳이 없었지만, 아내의 이름은 어디에도 새겨지지 않았다. 오히려 없음으로 인해서 그 존재를 더욱 생각나게 하는 것 같았다.

그는 자신이 기업을 세웠다고 믿었다. 자신이 기업을 운영하고, 자기 없이는 돌아가지 못할 거라고 믿었다. 그러나 사실은 정반대였다. 그의 자아가 기업을 세우고 운영하고 있을 뿐, 회사는 그가 없어도 마찬가지로 돌아가고 오히려 더 잘 운영되었을지도 모른다. 그의 뒤에는 그의 자아를 키워준 아내가 있었기 때문이다.

끈기 있고 현명하게, 그리고 의도적으로 아내는 남편에게 순종하며, 실패와 궁핍으로 찌들었던 과거의 열등의식에서 남편의 자아가 서서히 풀려나올 수 있게 만들었다. 그녀는 남편 스스로 자신이 위대한 기업가라고 믿게 최면을 건 것이다. 남편의 자아를 보살피고 양분을 준 결과, 괴팍한데다 천부적인 능력이 별로 없는데도 막대한 능력을 발휘하게 되었다.

남편이 이루어놓은 경영 성과는 아내가 있기에 가능한 것이었다.

그러나 그녀는 참으로 현명하게 남편이 그런 사실을 눈치채지 못하게 만들었다. 사실상 기업의 두뇌는 아내였던 것이다. 그녀는 정규 교육을 별로 받지 못한 사람이었는데, 어디에서 그런 아이디어를 얻었는지는 알 수가 없다. 아마 여성 특유의 직관력으로 남편의 자아를 키워줄 방법을 찾아낸 것으로 보인다.

가난과 부를 결정하는 것은 순전히 어떤 자아를 갖고 있느냐에 달려 있다. 즉, 열등의식으로 가득 찬 자아를 갖고 있느냐, 우월한 의식이 지배하고 있는 자아를 갖고 있느냐에 따라 인생이 달라진다.

앞의 사례에서 나온 나이 많은 남편은 현명한 아내가 그런 식으로 그의 자아를 키워주지 않았다면 길에서 행려병자로 죽었을지도 모른다. 바로 이것이 이번 장의 명백한 결론이다. 따라서 성공을 원한다면 자아에게 충분한 양분을 공급하고, 명확한 목표를 향해 통제와 안내를 병행해야 한다.

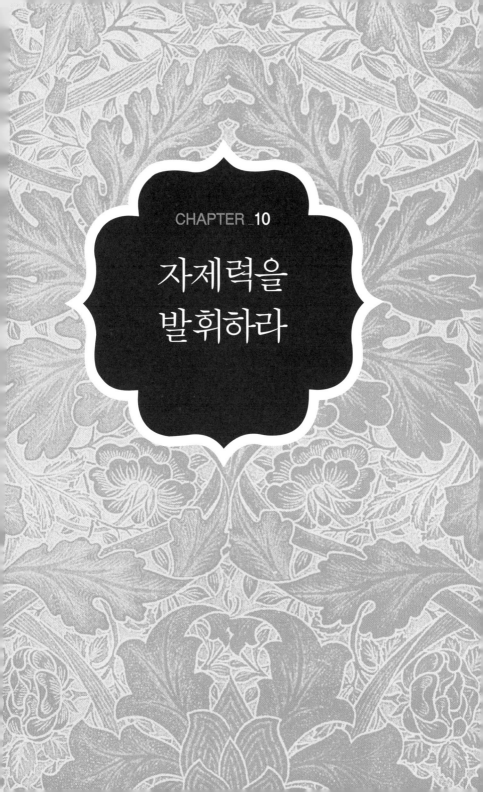

CHAPTER _10

자제력을
발휘하라

당신은 당신 자신의 마음을 소유함으로써, 즉 자제력을
엄격하게 발휘함으로써 '마스터키'를 완벽하게 소유할 수 있게 된다.
지금 서 있는 바로 그곳에서 출발하여 자신의 주인이 되어야 한다.
지금 당장 시작하라! 비참하고 곤궁한 옛 자아와는 영원히 작별을 고하자.
우리의 가슴이 열망하는 모든 것을 가져다줄 수 있는
'또 다른 자아'가 있다는 것을 인정하고 기꺼이 받아들이자.

자제력을 발휘하라

이제 자신의 마음을 완벽하게 지배할 수 있는 방법을 알려줄 차례다.

모든 사람이 진심으로 "나는 내 운명의 주인이며, 내 영혼의 지휘관이다"라고 말할 수 있다면 얼마나 좋겠는가. 만약 조물주가 사람을 그렇게 만들었다면 사람들의 능력은 한 가지 힘, 즉 생각의 힘을 통제하는 권리에만 국한되지 않았을 것이다.

사람들은 심신의 자유를 추구하면서 인생을 살아가지만, 대부분 그렇게 되지 못하고 생을 마감한다. 왜 그럴까? 사람들은 왜 스스로 만든 감옥 속에 갇혀 인생을 마감하는 것일까? 가난이라는 감옥, 질병이라는 감옥, 두려움이라는 감옥, 무지라는 감옥 등 그곳에서 벗어날 수 있는 열쇠는 얼마든지 쉽게 얻을 수 있는데도 말이다.

몸과 마음의 자유에 대한 열망은 사람들이 가진 보편적인 열망이지만, 극소수만이 그 열망을 성취한다. 자기 마음속에서 해답을 찾지 않고 다른 곳만 바라보기 때문이다. 부에 대한 열망도 보편적인 열망이지만, 대다수는 인생의 진정한 부를 깨닫지 못한다. 모든 부는 자신의 마음속에서 시작된다는 것을 깨닫지 못했기 때문이다. 사람들은 평생 동안 부와 명예를 추구하지만, 대부분 두 가지 모두 얻지 못한다. 두 가지의 진정한 근원이 자기 마음속에 있다는 것을 모르기 때문이다.

　　마음의 메커니즘은 오직 한 가지 수단에 의해서만 통제되는 심오한 조직 체계인데, 그 수단이 바로 엄격한 자제력이다. 자제력(자제심)은 인생의 열두 가지 재산 중의 하나이지만, 그 이상의 가치를 지니고 있다. 심신의 자유, 부와 명예, 물질적인 재산 등 모든 부를 획득하기 위해 꼭 필요한 필수조건이기 때문이다.

　　또한 자제력을 통해서 자신을 정복한 사람은 다른 사람에게 결코 지배당하지 않는다.

생각하는 습관을
조절하라

　　　　　　　　자제력은 생각하는 습관을 조절함으로써 얻어지는 것이다. 또한 자신을 다스린다는 것은 마음속에서 일어나는 일이기 때문에 자제력은 오로지 생각하는 능력과 관계가 있다. 물론 그 효과는 신체기능에 영향을 미칠 수 있다.

어쨌든 당신은 평소의 사고 습관 때문에 오늘날 당신의 위치에 서게 된 것이다. 즉, 당신의 사고 습관은 당신 자신에게서 지배를 받고 있는 것이다.

사고 습관이란 사람이 완벽하게 통제할 수 있는 유일한 대상인데, 그것은 참으로 중대한 의미를 지닌다. 조물주가 사람에게 그런 특권이 꼭 있어야 한다는 것을 인정했다는 증거이기 때문이다. 그렇지 않다면 사람들에게 오로지 사고 습관을 조절할 수 있는 능력만 허락하지 않았을 것이다.

조물주가 사람에게 자기 생각을 조절할 수 있도록 막강한 권리를 주었다는 또 다른 증거는 '습관의 힘' 법칙을 통해 명백히 찾아낼 수 있다. 그 법칙에 따라 사고 습관이 영원히 고정되어 큰 힘들이지 않고도 자동 작동되기 때문이다.

사람이 자기 뜻대로 사고 패턴을 목표에 맞춰 만들어나갈 수 있도록 조물주가 인간에게 부여한 능력이 바로 자제력이다. 그것은 특권인 동시에 막중한 책임이기도 하다. 자제력은 다른 어떤 능력보다도 인생의 목표에 도달하는 데 훨씬 결정적인 힘을 발휘하기 때문이다.

사람들에게는 여러 가지 습관이 있다. 어떤 것은 자발적으로 만드는 반면, 어떤 것은 자기도 모르는 사이에 생기는 것도 있다. 무의식중에 생기는 습관은 공포·의심·불안·걱정·질투·미신·탐욕·증오로 인해 만들어진다.

자제력은 사고 습관이 '습관의 힘' 법칙에 따라 자동 표현될 때까지 조절할 수 있는 유일한 수단이다. 그러므로 자제력은 정신적 · 육체적인 운명을 결정하는 열쇠인 것이다.

사람은 스스로 사고 습관을 결정함으로써 자신의 능력으로 바라는 목표를 달성할 수 있다. 반대로 통제 불가능한 상황에 직면했을 때 포기하는 사고 습관이 고정되면, 인생이라는 거대한 강이 실패 쪽으로 흘러가고 만다.

다시 말해 간절한 열망을 향해 마음을 길들임으로써 그 열망을 반드시 성취해낼 수 있다. 반면 바라지 않는 결과만 생각하면 틀림없이 그렇게 되고 만다. 당신의 마음가짐이 긍정, 부정 어느 쪽이든지 바로 그곳에서 사고 습관은 무럭무럭 커갈 것이다. 그것은 밤이 지나면 아침이 오는 것처럼 확실한 진리다. 따라서 애타게 갈망하는 인생의 꿈을 향해 당신의 마음을 일깨우고 의욕을 불어넣어야 한다.

자제력을 발휘하면 자신의 마음을 완벽하게 통제할 수 있다. 마음이란 당신이 소망을 달성하도록 당연히 시중드는 역할을 하게 되어 있다. 세상 어떤 것도 당신의 동의와 협조 없이는 당신의 마음을 간섭하거나 영향을 미칠 수 없기 때문이다.

따라서 당신은 자신이 당해낼 수 없을 것 같은 상황이 생겨 괴로울 때, 이것이 있음을 기억해야 한다. 두려움과 의심이 마음을 비집고 들어오려고 할 때 이것이 있음을 기억해야 한다. 가난에 대한 걱정이 '풍요에 대한 희망'으로 가득 차야 할 당신의 가슴을 파고들 때도 이것이 있음을 기억해야 한다. 이것이 바로 자제력임을 기억하라. 자제력을 발휘할 때 사람들은 자신의 마음을 완벽하게 소유할 수 있게 된다.

당신은 땅 위의 먼지 속을 기어 다니는 벌레가 아니다. 만약 그렇다면 두 다리로 걷는 대신에 배로 땅을 기어야 할 것이다. 당신의 몸은 서고 걷도록 만들어져 있으며, 또한 성취할 수 있는 가장 높은 목표에 도달할 수 있는 방법을 생각해내게끔 만들어져 있다.

그런데 왜 적은 것에 만족하는가? 왜 조물주가 준 귀중한 선물, 즉 마음을 지배하는 힘을 무시하여 그를 모독하고 있는가?

부정적인 생각은
자기 파괴를 불러온다

인류의 가장 큰 적은 두려움이다.

사람들은 넘쳐나도록 풍부한 재산을 갖고 있으면서도 가난을 두려워한다.

사람들은 우리 몸이 자동적으로 조화롭게 유지되도록 정교한 시스템으로 이루어져 있음에도 건강이 나빠질까 봐 두려워한다.

사람들은 주변에 뭐라고 하는 사람이 없을 때에도 비난을 두려워한다. 그것은 상상력을 부정적으로 사용함으로써 자기 마음속에 스스로 구속을 만든 것뿐이다.

사람들은 정상적인 인간관계를 유지하는 데 저촉될 만한 행동을 하지 않으면서도 친구나 친지들의 사랑을 잃을까 봐 두려워한다.

사람들은 늙어가는 것을 두려워한다. 하지만 그것은 더 큰 지혜와 이해력을 넓히는 수단으로 받아들여야 한다.

사람들은 자유는 타인과의 조화로운 관계에 달려 있다는 것을 잘 알면서도 잃어버릴까 봐 두려워한다.

사람들은 죽음은 사람의 힘으로 어떻게 할 수 없는, 피할 수 없는 운명인 것을 알면서도 언제나 두려워한다.

사람들은 실패는 그에 상응하는 이득의 씨앗을 함께 가져온다는 것을 모른 채 그저 실패만을 두려워한다.

사람들은 번개 치는 걸 두려워했지만, 프랭클린이나 에디슨 등 자기 마음을 완벽하게 소유한 소수의 사람은 번개가 물리적인 에너지의 형태로서 인류에게 유용한 가치가 있다는 점을 증명해냈다. 그러나 대다수 사람은 마음을 열고 신념을 발휘해 우주의 무한한 지혜를 받아들이는 대신, 불필요한 두려움 속에 갇혀 마음을 굳게 닫아걸었다.

공중을 나는 새와 들의 짐승들조차 내일 무엇을 먹을까, 무엇을 입을까 걱정하지 않는다. 그런데 하물며 만물의 영장인 사람들은 그런 평범한 진리를 깨닫지 못하고, 아무 소용도 없는 근심 걱정에 파묻혀 산다.

또 기회가 부족하다고 불평만 하며, 자기 마음을 소유하려고 시도하는 사람들을 거세게 비난한다. 그것은 건강한 마음을 가진 사람들에게 필요한 모든 물질적인 것을 공급받을 권리와 능력이 있다는 것을 모르기 때문이다.

또한 육체에 고통이 오는 것은 몸이 개선을 필요로 한다는 것을 알리는 만국 공통어인데도, 그저 그 고통으로 인한 불편만을 두려워한다.

사람들은 그런 두려움 때문에 스스로 얼마든지 해결할 수 있는 사소한 일도 쉽게 포기하고, 그저 신을 찾아 기도만 한다. 그렇기 때문에 원하는 결과를 얻지 못했을 때, 실패를 통해 오히려 풍부한 정신적 축복을 얻을 수 있음을 전혀 깨닫지 못하는 것이다.

사람들은 원죄에 대해 흔히 이야기한다. 그러나 사람들은 전지전능한 하나님이 세상의 어떤 부모보다도 훨씬 더 풍성한 축복을 자녀에게 공급한다는 믿음의 상실이 모든 죄 중에 가장 크다는 사실은 깨닫지 못하고 있다.

사람들은 문명의 발명품들을 '전쟁'이라는 파괴의 도구로 바꿔 놓았으면서도 기근과 불황이 닥치면 큰 소리로 불평을 늘어놓는다.

이렇듯 사람들은 자제력과 마음의 힘을 통해 조절함으로써 인생의 목표에 도달할 수 있다는 것을 모르고 그런 힘을 버려두고 있다. 따라서 우리 모두 그렇게 살아간다면 풍성한 알맹이는 모두 내다버리고 겨만 골라 먹으며 일생을 보낼 수밖에 없을 것이다.

자제력으로
승부하라

신념은 사람이 가진 감정 중에서 가장 강력하다. 그리고 명확한 목표를 향해 건설적으로, 조직된 행동으로 표현될 때 진가를 발휘한다. 하지만 행동 없는 신념은 한낮 백일몽, 가망 없는 헛된 꿈이 되어버린다. 명확한 목표를 통해 그러한 신념을 자극하는 것이 바로 자제력이다.

열망과 신념은 명확한 관련성을 갖고 있다. 불타는 열망이 있는 곳에는 신념의 힘도 작용한다. 신념의 정도는 열망의 정도가 얼마나 뜨거운가와 정확히 일치한다. 하나가 자극받으면 또 다른 하나도 자극을 받게 되어 있다. 다시 말해 당신이 조직화된 습관을 통해 하나를 통제하고 지배하면, 또 다른 하나도 역시 통제하고 지배할 수 있게 된다. 이 조직화된 습관이 바로 자제력이다.

영국에서 가장 위대한 수상이었다고 평가받는 벤저민 디즈레일리Benjamin Disraeli는 명확한 목표를 세우고 의지를 불태운 결과 그런 위치에까지 오를 수 있었다.

그가 처음에 선택한 직업은 작가였지만, 그리 성공하지 못했다. 열두 권 이상의 책을 발표했지만, 그중 어느 것도 대중의 관심을 사로잡지 못했던 것이다. 그는 이런 실패를 실패로서 받아들인 게 아니라, 더 큰 노력을 기울여서 도전하는 계기로 삼았다. 그리고 대영제국의 수상이 되겠다는 명확한 목표를 세운 다음, 정계에 입문했다.

드디어 1837년 의회에 진출하여 처음으로 국회에서 연설을 하게 되었는데, 맥 빠진 연설로 평가받았다. 그는 이번에도 그 실패를 더 시도해야 한다는 도전으로 받아들였다. 그리고 포기를 전혀 생각하지 않고 계속 노력한 결과, 1858년 하원의 리더로 부상하고, 뒤이어 재무부장관에 임명되었으며, 마침내 1868년 영국 수상이 될 수 있었다.

그런데 명확한 목표에 도달한 바로 그 시점에서 그는 엄청난 반대에 부딪혀야 했다. 디즈레일리 인생의 진정한 '테스팅 타임'이 시작된 것이다. 그 결과 그는 사임해야 했지만, 그런 일시적인 패배를 패배로서 받아들이지 않았다.

그 후 그는 정계에 복귀하여 수상으로 다시 선출되었고, 대영제국의 위대한 건설자로서 막강한 영향력을 행사했다. 그가 이룬 가장 큰 공로는 아마도 수에즈 운하를 획득한 일일 것이다. 대영제국에 전무후무한 경제적 이득을 가져다준 업적이었기 때문이다.

디즈레일리의 화려한 업적의 기본 바탕은 바로 자제력이었다. 그 스스로 자신의 업적을 한 문장으로 요약해서 이렇게 표현했다.

"성공의 비밀은 목적의 일관성이다!"

상황이 가장 어려웠을 때 디즈레일리는 그의 의지력을 놀랍도록 위대한 힘으로 발휘했다. 그럼으로써 일시적인 실패를 견디고 승리를 쟁취할 수 있었다.

바로 이런 때가 대다수 사람이 성공의 노정에서 포기해버리는 가장 위험한 고비다. 사태가 험악해지면 포기하고 중단해버리는 것이다. 한 걸음만 더 가면 승전가를 부를 수 있는데도 중단해버리는 경우가 많다. 의지력이 가장 필요할 때는 인생의 저항이 가장 클 때다. 그러한 고비 때마다 의지를 불태우게 하는 힘이 바로 자제력이다.

시어도어 루스벨트는 심각한 신체적 장애에도 자제력을 발휘할 때 무슨 일을 해낼 수 있는지를 보여주는 또 다른 사례다.

청년기에 그는 만성 천식을 심하게 앓으면서 시력도 나빠졌다. 친구들은 그가 건강을 회복하지 못할 거라고 생각했지만, 루스벨트는 자제력의 힘이 무엇인지 알고 있었기 때문에 그들의 생각에 영향을 받지 않았다.

그는 서부로 가서 근로자들 틈에 섞여 뜨거운 뙤약볕 아래에서 중노동을 하였다. 그럼으로써 건강한 신체와 굳건한 정신력을 키울 수 있었다. 어떤 의사들은 그런 일이 불가능하다고 말했지만, 그는 그들의 판단을 받아들이기를 거부했다. 건강을 되찾겠다는 투쟁을 벌인 결과, 그는 자신에 대한 완벽한 자제력을 획득하고 돌아왔고, 정계에 입문한 뒤 불같은 추진력으로 미국의 대통령에 오를 수 있었다.

자기 자신을 이기고 명확한 목표에 도달한 사람들은 자신의 가장 큰 장점을 '실패를 실패로 받아들이지 않고 더 노력하겠다는 다짐의 기회로 삼는 의지'라고 말한다.

루스벨트가 대통령으로 재직 중일 때, 그가 군에 내린 명령이 육체적으로 적응하기가 너무 어렵다며 몇몇 군대 관리가 불만을 제기했다. 그는 무리한 명령이 아니라는 것을 증명하기 위해서 말 등에 올라타 험한 버지니아 길을 100마일이나 달렸고, 군대 관리들은 간신히 그 뒤를 쫓아야 했다. 이러한 행동 뒤에는 육체적인 약점은 핸디캡이 아니라고 믿는 적극적인 정신력이 있었으며, 그런 정신자세는 행정력에도 그대로 반영되었다.

루스벨트의 또 다른 일화가 있다.

프랑스의 원정대가 파나마 운하 건설을 시도했다가 실패했을 때, 루스벨트는 "운하는 꼭 건설될 것이다"라고 말했다. 그런 다음 직접 운하 건설 현장으로 가 함께 일하면서 그의 굳은 신념을 피력했다. 그러고 운하는 건설되었다.

이처럼 개인의 능력은 성공하겠다는 의지에 달려 있다. 그것은 다른 어떤 수단도 아니고, 오직 자제력에 의해서만 행동으로 드러날 수 있다.

로버트 루이스 스티븐슨은 태어날 때부터 몸이 약했다. 17세가 지날 때까지 허약한 체력 때문에 공부를 제대로 하지도 못했다. 게다가 23세 무렵에는 건강이 너무 악화되었을 뿐 아니라 영국을 떠날 수밖에 없었다. 바로 그때 그는 한 여인을 만나 사랑에 빠졌다.

그녀에 대한 열렬한 사랑은 그의 생명을 연장시켰고, 행동에 의욕을 주었다. 그리하여 건강이 좋지 않았음에도 집필을 시작, 세계의 독자들에게 큰 감명을 준 걸작 소설들을 남기게 되었다. 그리고 많은 사람에게 생각의 날개를 달아준 계기가 되었다.

사랑의 동기가 없었다면 스티븐슨은 틀림없이 인류에 어떤 공헌도 하지 못하고 죽었을 것이다. 그는 사랑을 통해 고통과 좌절을 이기는 자제력을 발휘했고, 세계적인 작가로 대성할 수 있었다.

비슷한 경우로 찰스 디킨즈Charles Dickens를 들 수 있다. 그는 비극적인 사랑을 경험한 뒤, 위대한 문학 작품을 탄생시켰다. 그는 첫사랑의 상처로 인해 좌절하는 대신 슬픔을 집필에 대한 열정으로 승화시켰다. 즉, 자제력을 발휘해 슬픔을 큰 재산으로 바꿔 놓은 것이다. 그의 작품에 고스란히 반영되어 있는 천재적인 힘, 즉 '또 다른 자신'이 있음을 발견했기 때문이다.

사람에게는 슬픔과 좌절을 극복하는 강력한 힘이 있는데, 그 힘

앞에는 당해낼 상대가 없다. 그 힘의 비밀이 바로 자제력이다. 심신의 자유, 독립, 경제적인 안정은 자제력을 발휘한 결과다. 다른 어떤 수단에 의해서도 이러한 열망은 획득되지 못한다.

이제 남은 일은 당신 스스로 성공의 여행길을 떠나는 것이다. 내가 일러준 여러 가지 마음가짐을 명심하고 실천한다면, '마스터키'는 이미 손에 쥐고 있는 것이나 다름없다.

'부의 문을 열어주는 마스터키'는 전적으로 사람의 가장 위대한 힘인 생각의 힘 속에 있다. 당신은 당신 자신의 마음을 소유함으로써, 즉 자제력을 엄격하게 발휘함으로써 '마스터키'를 완벽하게 소유할 수 있게 된다.

자제력은 마음가짐을 조절한다. 마음가짐은 당신이 인생의 모든 상황에 대처하고, 역경·실패·좌절을 상응하는 가치의 재산으로 바꾸어준다. 그렇기 때문에 긍정적인 정신자세가 인생의 열두 가지 재산 중에서 첫머리에 위치하는 것이다.

이처럼 '부의 문을 열어주는 마스터키'란 곧 자신의 마음을 완벽하게 소유하는 것이고, 그러기 위해서는 반드시 자제력이 동원되어야 한다는 것을 이제 명백히 깨달았을 것이다.

지금 서 있는 바로 그곳에서 출발하여 자신의 주인이 되어야 한다. 지금 당장 시작하라! 비참하고 곤궁한 옛 자아와는 영원히 작별을 고하자. 우리의 가슴이 열망하는 모든 것을 가져다줄 수 있는 '또 다른 자아'가 있다는 것을 인정하고 기꺼이 받아들이자.

다시 한 번 말하지만, 우리가 완벽하게 통제할 수 있는 유일한 대상은 마음가짐뿐이라는 것! 그것이야말로 잊어서는 안 될 가장 중요한 핵심이라는 것을 명심해야 한다. 이것이 바로 '부의 문을 열어주는 마스터키'이기 때문이다.